JN016025

ブッダの瞑想レッスン

修行入門一歩前

大寺派日本大サンガ主管長老
アルボムッレ・スマナサーラ

国書刊行会

まえがき

本書の元になったのは、釈迦牟尼仏陀の瞑想実践をテーマにした法話集『シリーズ自分づくり〝釈迦の瞑想法〟』全四巻です。故・根守良明さんの協力で編集された同シリーズは、幸いなことに多くの方に読みつがれてきました。しかし、元になったのは四半世紀も前の法話であり、いま読み返すと当時の世相やニュースを反映したたとえ話などには、古くなったところも見受けられます。そこで、日本テーラワーダ仏教協会の佐藤哲朗さんと国書刊行会の今野道隆さんの協力を得て、タイトルを新たに現代にふさわしい形にアップデートした合冊本として再刊することにしました。

旧シリーズが上梓された当時と今を比較すると、慈悲の瞑想やヴィパッサナー瞑想は日本の社会にずいぶん定着したように見えます。しかし、本書の後半部分で紹介する「気づきの実践」の上級編、それから解脱・涅槃に達する道筋である「七覚支」の実践については、まだまだ知られていないのではないかと思います。ブッダの瞑想法の入門からゴールまでの道筋を紹介した本書が、心の

まえがき

安らぎを求める方々のガイドとして役立つならば幸いです。

アルボムッレ・スマナサーラ

ブッダの瞑想レッスン——修行入門一歩前

目　次

2　ヴィパッサナー瞑想　85

3　サティ瞑想　159

4　七覚支瞑想――悟りへの階梯　259

ブッダの瞑想レッスン——修行入門一歩前

1 慈・悲・喜・捨の瞑想

Ⅰ　世間にあふれる〝宗教商品〟の効き目

あなたが抱く宗教のイメージ

宗教の存在理由とは何でしょうか？

さまざまな説明が考えられますが、「まだこの世にはどうしても科学では証明できない、確認できない現象がある。その現象が人間の幸・不幸に微妙にかかわり合っているので、そこに生じるさまざまな理不尽を解くために宗教がある」という解釈もできるのではないでしょうか？

世の中には、どんなに勉強ができて頭のいい人間であっても信じがたいほど悲惨な人生を送ったり、だれから見てもいいことは何一つしていない札付きのワルにもかかわらず、悩みや苦しみのない幸せな人生を送る人がいたりします。理屈や合理性、法律などの社会システムでは割り切れない現実があるからこそ、それを探究するという名目で宗教というものは存在しているようです。

理性や合理性、法律などでは実現できない夢や希望を、もっともらしい理論でかなえてくれる。

それが一般の人々が宗教に抱く存在理由であり、宗教への期待感なのです。言い換えれば、「私たちはこの世の出来事のすべてをリアルな現象として捉えていますが、人間の弱さや自信のなさと、神秘的な世界を否定できずに肯定したい心があって、それが宗教という代物を育てている」という言い方もできるでしょう。

理性で考えたら実現できるはずもない希望や願望をかなえてくれる宗教の世界は、日本でベストセラー商品を作り出しました。商売繁盛、家内安全、病気治癒などを〝売り〟にした宗教ビジネスです。

何の苦労もせずに商売が繁盛してほしいとか、みんな自分勝手に自由に生きられて家族がそれぞれ健康であってほしいとか、夢のような願望を人間は持ってしまうのです。「その要求にぜんぶ応えてあげましょう」というのが、皆さんもよくご存じの宗教という名のビジネスです。

宗教ビジネスの〝売り文句〟は、ちょっと考えてみれば矛盾だらけですが、人はそのことに気がつかない。人間は欲が深いから、長生きがしたい。長生きを望むのは結構ですが、同時に歳も取りたくないというのだから、これは甚(はなは)だしい矛盾です。歳を取りたくないなら若いうちに早く死ぬしかないのだし、長生きしたいのであればどんどん歳を取って老け込んでいくほかないのです。生理学上、人間の身体はそのようになっています。

ずっと二十歳でいるなんて絶対にできない相談なのに、いつまでも若いままで長生きしたい。できることなら、病気にも罹りたくない。だれが考えてもそんなことはあり得ないのに、とり憑かれたように夢物語を追ってしまうのが私たち人間です。

宗教の世界ではそんな人間の願望をかなえようと、商売道具を目の前に広げてみせるのです。

皆さんも聞いたことがあると思いますが、たとえばヒーリング（Healing）と言って、病気癒しを請け負うれっきとした職業があります。ヒーリングは日本だけではなく、ヨーロッパやアメリカの宗教でもよく用いられています。

ほかにも、日常以外の別次元の意識と交信できるというチャネリング（Channeling）とか、神や宇宙との融合感覚を謳うトランスパーソナル（Transpersonal）など、次々と新商品を用意して顧客開拓に励んでいます。

これらはすべて、現実の社会では解決し得なかった人間の願望成就を請け負う、つまり〝奇蹟〟を売り物にしているのです。

さまざまな商品を扱う宗教ビジネスには一致した共通点というものがあって、それはだいたい次のような言葉に集約されるようです。

「この世のなかには人知の及ばぬ力があって、その力を自分のなかに取り入れることによって、奇蹟は起こるのです。私たち（商売人）に言わせれば、それは奇蹟でも何でもなく、この宗教団体（商品販売店）に入れば、ごく当たり前に手に入れることができるのです」

商品は溢(あふ)れています。

「商売がすべてうまくいって成功する商品」

「貧乏から逃れ豊かな生活のできる商品」

「どんな癌でも必ず治してみせる商品」

「人間関係がスムーズに運んで人に好かれる商品」

「志望した学校に必ず入学できる商品」

「夫の浮気がたちどころに治まる商品」

「悪い霊を追い払い先祖供養する商品」等々。

宗教商品にも効果はある

そうした商品には、ただ単純にお金を出せば買えるだけではない、ある仕掛けが用意されています。ある種の行為を促すことによって、商品への信頼性を植えつけるのです。

シックスセンスという触れ込みで、人間の第六感を開発しようとチャクラという概念を取り入れる。そのチャクラもインド古来の伝統的な瞑想に由来するものではなく、アメリカから輸入した新しい宗教的概念で味付けして売り物にするわけです。

「ヨーガをしましょう」という話も盛んです。このヨーガにしたってインドの正式なヨーガではなく、インドのヨーガを西洋風にアレンジした新しい商品で、そういうものを勉強しようとすると、それだけで途方もない高い金額を取られるわけです。

それはそうでしょう、相手は商売でやっているのですし、何といっても世間の常識では考えられない〝奇蹟〟を売りつけるわけですから、ちょっとやそっとの金額では買えなくても当たり前です。その金額の高さもまた希少価値というのか、商品の絶対価値を引き出す役目を果たしているのです。

私も、過去にそういう勧誘を何度か受けたことがあります。

「こんなに素晴らしい宗教があるのだから、あなたも入信したらどうですか？」

「人間はごはんだけでは生きていけない」

「どんな人間にも魂が宿っている」

などなどの言葉で説得を受けたものです。

だれもあまり驚かないのですが、人間に魂が宿っているだなんて、実は驚くべきことです。もし本当ならば、そんな重大なことは学校でも教えるはずですから。あるいは日本の代表的な新聞やメディアでも、大ニュースとして報道されるはずです。

これまでいろいろな角度から、さまざまな分野で人間のことが研究されてきましたが、いまだに「人間には魂がある」という事実は証明されていないのです。それでも魂があると言うのははなはだ非合理的ではないか、と質問すると、

「いや、それは宗教の世界だから、合理性や論理では分からない」

という言葉を切り札として使ってくるのです。その言葉を使えば私たちは反論できないと思うのか、勝ち誇ったような態度になって、最後はこう言い出すのです。

「ほら、人間はただ食べるために生きているのではないのだ。魂もちゃんとある。精神的にも人間はしっかり生きていかなければ、不幸になるだけだ。あなたも、こういう宗教をやったらどうなのか？」

ここまで言われますと、私の方も黙ってはいられなくなるのです。「何とか反論しなくては、何とか自分の考えというものを伝えなくては」と考えてしまうのです。

これまで何となく揶揄するように進めてきた話について、私なりの考えを述べようと思います。私はこれらの現象をハナから否定しようと、あえて批判的に話をしたわけではないのです。

どんな名医にかかっても、いかなる新薬を用いても治らなかった難病が、ある宗教に縋った途端に、嘘のように治癒してしまった、という体験談は、むやみに否定できるものではありません。

その宗教の教祖さまに特別な素晴らしい力があって、「その力をいただいて、自分は元気に仕事をしているのだ」「その力のおかげで、いろいろな問題を解決できた」と自分で納得している人も世間には多いですが、それを一概に否定することもできません。

ある〝宗教商品〟を買って見事に病気が治ったと聞いて、それをどうやって否定できるでしょうか？　医学の力ではどうやっても治らなかった頑固な腰痛が、ある人に〝何とかエネルギー〟を入れてもらったら治った、と言われたら、「そうですか」と言うしかないし、その現象を否定することは私にはできない。と言うことは、科学では捉えられず、合理的な働きではない、何か別の働き（エネルギー）があるのではないかなあ……という憶測はできるのです。

もちろん、薬を飲んで病気が治ることはごくありふれた日常茶飯の出来事です。しかし、薬を飲まずとも何か変な方法、たとえば御祓（おはら）いをしてもらっただけで病気が治ってしまったという話も、当人が体験として言っているならば、紛れもない事実として考えなくてはならないのです。

このように、奇蹟を起こす、病気を治す、不幸を取り去って幸福をもたらすという〝事実〟に対して、私たち仏教にかかわる人間はどう捉えたらいいのか、という重大な問題があります。

これはかつて私が実際に身近で目撃したエピソードなのですが、スリランカの大学で教員をやっていたころ、とあるバス停で大学に行くバスを待っていたのです。

バス停にやって来る人たちに向かって、ひとりの男性が何枚も何枚もビラを配ってました。私も受け取ったそのビラには、「奇蹟的に病気を治す」とか、「歩けなかった人がこの方法ですぐ歩けるようになった」とか、あるいは「目の見えない人が見えるようになる」「いろいろな伝染病も奇蹟的に治る」などのうたい文句を掲げて病気を治すことを宣伝する、宗教まがいの勧誘文句が書かれていたのです。

そこに労働者風の二人連れの男が通りかかりました。この男たちも配られたビラをしばらく眺めていたのですが、やがてその内のひとりがビラ配りの男にこう言ったのです。

「いろんな病気がこんなに簡単に治せるなら、あなたはこんな所でビラなんか配らずに、病院に行ってみんなを治してあげたらどう？　病院に行けば、病気の人がいっぱいいて、みんな苦しんでるじゃないか。そういう大勢の人を治してみせたら、私たちもあなたのことを信じるよ」

「この労働者風の男の人はすごいな」と私はひとり感心したのです。いまでもそのときのことはよく憶えています。その男の人たちは、やはりきちんとした証拠を見せろと言っただけです。そうやって、だれもが思うことを遠慮なく言えるところが素晴らしいのです。

こういう場合、一般的には何となく遠巻きにして、「ズバリと聞いたら失礼ではないか」と変な遠慮をして、疑問を質（ただ）そうとはしないものです。

現代の宗教は、そういった人々の遠慮という〝聖域〟に守られて成り立っている面もあるのです。でも、この労働者風の男の発した質問はしごく真面目でまっとうな理屈です。

不思議なパワーを持った宗教家なら、病院にでも行って大勢の患者さんのところで、頼まれるまでもなく、そのパワーでもってみんなの病気を治してあげればいいのです。それだけで、だれもがその宗教家のパワーを科学的事実として認めるに違いありません。

バス停でビラを配って勧誘するより、その方がはるかに説得力があるし、その宗教家の大きな宣伝にもなるでしょう。第一、そうやって実際に困っている人々を救うことこそ、宗教家の使命ではないでしょうか？

話を本題に戻しましょう。

いったいこういう現象をどうやって捉えたらいいのでしょう。単なる偶然で難病がいっぺんに治ってしまうことなど、あり得るはずがありません。では、本当に奇蹟が起こったのでしょうか？

そう説明してしまえば簡単ですが、それでは万人を納得させることはできないでしょう。

お祈りしたら、ある人の病気が治ってしまった。手をかざしたら、動かなかった足が動くようになった。

何かがあるはずなのです。

宗教家の言葉には引き付ける力がある

あるときアメリカ人のヒーラー（ヒーリングをする人）を見ていたのですが、ヒーラーだけあって物凄い力を持っているのです。そのヒーラーは、人の相談を受けたときに私たちがよく見せる深刻ぶった顔つきではなく、何も意に介さないような自信たっぷりの、エネルギーが充満しているといった顔をしていました。

これは日本語にも当てはまることですが、英語を短い文章で淡々と喋ると、聞いている人はだれでもその世界に引き込まれるのです。スピーチの訓練を受けていない一般人は、話の中途でどんどんサブセンテンスという補足的な文章を挟み込んでしまうので、話のインパクトが弱くなって印象が残らないのです。しかし、たとえば、

「皆さん、こんにちは」
「今日はとてもいい日ですよ」
「今日はここに来てくれてありがとう」
「皆さん、素晴らしい顔をしています」

というふうにセンテンスを短く喋ると、それがたとえ日本語でも、皆さん黙って聞いてくれるのです。

私はどうも喋るのが下手ですから、どんどん文章が長くなってしまって、皆さんの心に入らないようですが……。そのアメリカ人ヒーラーは短い言葉でどんどん喋って、とてもエネルギッシュで自信満々ですから、聞いているだけで凄くいい気持ちになってくるのです。

そうなると、

「私は奇蹟を感じました」

「自分の病気が治ったような気がします」

「凄いエネルギーを感じました」

などという人が、次から次へと現れてくるのです。


このアメリカ人ヒーラーと同じく、ボキャブラリーは幼稚園か小学校低学年程度のレベルで、文章がとても短くて、主語があって動詞があって、まんなかにひと言ふた言の単語があるだけ、という喋り方をする日本の宗教家もいます。名前を言えば、「ああ、あの人」と思い当たるかもしれません。そういう喋り方に引き込まれると、

「この人は偉大なる聖者だ」

という話になってしまうのです。それがさらに嵩じれば、

「〇〇様こそ至上の神なのだ!」

というところまでエスカレートしてしまう。でも、それってちょっと可笑しいことで、第一、全知全能の神さまがそう何人もいるわけがないでしょう。


話がズレましたが、ヒーラーにはこのように、話す言葉のエネルギー一つ取ってみても、〝引き付ける〟力が非常にあることが分かります。

人間を幸福にするエネルギー——慈・悲・喜・捨

そこで、お釈迦さまはこういう現象についてただひと言、

「人間を幸福にする心の働きがある」

とだけ教えてくれるのです。お釈迦さまは超能力的なパワーについても、また神さまとされる存在についても、淡々と心理学的に分析するのです。

「この世のいかなる存在もただのエネルギーの働きであって、このエネルギーは生滅変化しながら流れている。それだけのものなのだ」

と。さらに、

「たまたま私たちは、人間という働きをやっているにすぎないのだ」

とも言われています。

人間というエネルギーの働きが終われば、そのエネルギーからまた別なエネルギーの働きに変化する、という仕組みになっているだけです。人間という形をとったさまざまな精神の働き＝エネルギーのなかで、私たちを幸福へと導く働きが確かにあるのだ、ということです。

お釈迦さまは、そのエネルギーを「慈（じ）・悲（ひ）・喜（き）・捨（しゃ）」という四つに分類して説明しているのです。

全宗教共通の商品〝愛〟の曖昧さ

ところで、世界のどの宗教を眺めても、一つだけ共通した言葉があることにお気づきですか？それは〝愛〟です。キリスト教でもヒンドゥー教でも日本のいろいろな新興宗教にしても、どこでも〝愛〟〝愛〟〝愛〟です。ヒンディー語であればプレーマ、英語であればラブ、ドイツ語で言えばリーベ。どの国のどの宗教も、この〝愛〟だけは共通した売り物にしているのです。世界の宗教が〝愛〟という同じ商品を売っています。社名やブランドは違っても同じスペックのパソコンを売っているように、宗教の名前は違っても、売っている内容は同じ〝愛〟なのです。

なぜ〝愛〟なのでしょうか？　なぜ愛だけがそんなに珍重され、大切に扱われるのでしょうか？まず考えなくてはいけないことは、愛という言葉の持つ曖昧さではないでしょうか？　皮肉を言えば、その曖昧さがあるから便利に使っている、とも言えそうです。とにかく愛という言葉を聞くと、私など参ってしまうのです。「愛っていったい何ですか？」と問い質したくなってしまうのです。

たとえば英語にしたところで、ラブという言葉は非常に曖昧です。〝愛〟といっても、たとえば母が自分の子供を愛する、妻が自分の夫を愛する、夫が自分の会社を愛するとか、国を愛するとか、どれもこれもラブの一語を当てるのです。英語では、私はケーキが好きですと言う場合も、アイ・ラブ・ケーキと言います。日本語では私はケーキを「愛します」という表現は用いません。このように、愛の使い方は曖昧極まりないものです。

どれが純然たる愛で、どれが育てるべき愛かを定義しないと、極めておかしな、また危険な結果を招く恐れがあります。

母がわが子を愛することは問題ないですが、あるお母さんが「子供ならだれでも愛するべきだ」と言って、子供と見れば飛びついて愛を振りまいたら、はた迷惑に違いありません。もしかしたら、このお母さんは精神科に連れていかれるかも。

男性の場合も、「人を愛することはいいことだ」と言って、異性と見れば片端からやたら愛したら、また問題になるでしょう。

このように〝愛〟は耳あたりの良い言葉ですが、その本質は極めて曖昧なのです。「どんな宗教でも〝愛〟を説くならば、その明確な定義・解釈を示さなければならない」と思うのです。そんなに愛が大切だと言うなら、愛をもっときちんと定義して、正しい愛はこういうものであると、はっきりさせてほしいものです。

欲望をともなわない愛だけが奇蹟を起こす

仏教と他の宗教の大きく違う点は、仏教では人間の感情をていねいに分析していることです。曖昧にならないように、解釈が混乱して本質を見失わないように、さまざまな心の働きを明確に定義しているのです。

たとえば、異性など自分以外の人を好きになる愛について、仏教では欲の感情（貪）であると定義しています。その人に執着して独り占めにしたいという感情です。こういう愛は、「お金が好きです」という愛と何ら変わりません。お金にせよ人にせよ、自分のものにしたいという気持ちは共通するわけですから。「家族を愛する」という場合も、家族を自分のものにしたい気持ちは欲の感情なのです。

それもこれも欲という一つの感情であって、それによっていいことも起きますが、同時に大変なことにも巻き込まれるのです。お金や財産を愛することは別に悪くないし、その愛によってその人は相応の努力をして豊かになっていくのだけど、その反面、つねにストレスを感じて精神的に多大なダメージを受けなくてはならなくなるのです。

お金を儲けて財産を増やす過程では、辛い困難も克服しなければならないし、いろいろな人間との確執が生じたり、あるいは人生を台無しにしたりする可能性だって大いにあり得ることです。

だれかを愛することも別に悪いことではないし、ごく自然な感情の発露です。しかし、根底にあるのは相手を独り占めにしたいという欲求ですから、嫉妬にかられたり、喧嘩になったり、相手の気持ちをあれこれ妄想して神経質になったり、トラブルからノイローゼに陥って、ストーカー殺人にまで発展する場合もあるのです。

そうした危険な愛＝欲（貪）に対して、感情的なトラブルが何一つ起こらない、「自分が幸福になるだけでなく他人も幸福にしてあげたい」という清らかなエネルギーを持った人の心には、驚異的な力があるのです。そのエネルギーが〝奇蹟〟と呼ばれる現象を起こしていくのです。

II　慈しみ＝友情の力

優しさが奇蹟のパワーの素

いろいろ例を出したように、病気を治したりする宗教家は、たしかに存在します。彼らは人徳というか、素晴らしい心の持ち主なのです。私などとは大分違って、とても優しくて、親切で、人を慰(なぐさ)めてくれる。

「大丈夫ですよ、安心しなさい。私が何とかしてあげますよ」

と言って激励してくれる。

「病気ですから治してください」と頼むと、一所懸命お祈りをしてくれる。大きな声で呪文やら祝詞(のりと)やらを唱えながら、あるいは鈴を鳴らしたり太鼓を叩いたり、いろいろな服装で踊ったりして、みんなそれぞれ懸命になって、必死でその人のために祈りを捧げてくれるのです。これはふつうではできないことです。人のために一所懸命何かをするという行為はそれ自体素晴らしいことで、そういう行為をする人々は、やはり悪い人ではないのです。

私はこれまで宗教ビジネスなどと失礼な悪口を言ってきたのですが、彼らはみんないい人たちで、インチキとは決めつけられないのです。ふつうの人より並外れて人がよくて、優しくて、親切なのです。そうです、この優しさなのです！　私たち人間に効くのは。

ある人にとっては親分のような存在であり、またある人にとっては信頼できる大先輩のような存在。またその人が女性であれば母親のような存在なのです。どんな変な人が来ても、嫌な顔ひとつ見せずに、

「はい、はい、いいですよ、そんなことで悩む必要なんか一つもないんですよ。ぜんぶ私に任せなさい」

などと言って、非常に親切に対応してくれる。そういう人が正直に、真剣に、人々のためを思っている段階では、たとえ宗教商品といえども、それを買ったりその団体に入ったりしても、人々はかなり高い確率で救われる、と思います。それは事実でしょう。それは欲とは別次元の〝愛の力〟であって、皆さんが奇蹟のパワーと呼ぶものなのです。

ところが、その愛の力を世界征服のために利用したり、自分の宗教を世界中に広めようと野望を抱いたりした途端に、奇蹟の力はぜんぶ壊れてしまって、ふつうの何でもないただの団体になってしまうのです。ある一時期たいへん流行っていた宗教団体が、どーんと失速してしまう、という例

は枚挙にいとまがありません。

自分も他人も幸福にする〝慈しみの力〟①――慈＝友情

分かりやすくするために便宜上〝愛の力〟と言いましたが、仏教ではもっとはっきりと具体的に、自分も幸せになり他人も幸福にする〝慈しみの力〟を四つに分けて説明しています。

それは「慈(じ)・悲(ひ)・喜(き)・捨(しゃ)」という四つの感情です。一応勉強のために、原語のパーリ語とともに憶えておいてください。

慈＝メッター（Mettā）
悲＝カルナー（Karuṇā）
喜＝ムディター（Muditā）
捨＝ウペッカー（Upekkhā）

という分類です。

さて、一番目の慈しみの力は〝メッター〟といって、日本語では「友情」と訳せばいいでしょう。友情は、それを持ったとしても別段精神的な負担が生じるわけでもなく、まず問題の起こらない感情です。その点が愛情と違うのです。

たとえば母親が子供を育てる場合でも、子供が一人か二人であれば愛情をそそぐにもそれほどの負担にはならないでしょう。でも、愛情という感情はかなりエネルギーを消耗するので、もし子供が五人、六人となると、大変な労力が必要となります。「親の愛情だからそれはそれでいいじゃないか」と考えるかもしれませんが、何か子供に問題が起こったりしたときなど、たくさん子供がいるとそれだけで神経をすり減らしたりして、大変ですよ。

ところが友情なら、一人でも五人でも、あるいは十人いても百人でも、別に負担にならないのです。百人の知り合いがいると思えばいいのですから、自分にとっても気持ちがいいのです。それは、どこに行ってもたくさんの友人がいて、生きることがとことん楽しくなってしまうからです。

何かあってもすぐ気楽に頼めるし、話し相手にも不足しないし、何か問題が持ち上がったときでもみんなに安心して相談できる。人間は淋(さび)しいときに話し相手や一緒にいてくれる友人を持つことが、何よりの慰めになるのです。

人間が不幸を感じるのは、一緒にいて話し相手になってくれる人のいないときなのです。私たちは心のなかにいろいろと問題を抱えていて、そういう悩み苦しみを人に喋ることで心がリラックスするのです。とにかく喋りたい、だれか自分の悩みを理解してくれる人に聞いてほしい。

それも、相手は人間でなければ駄目なのです。自分の部屋にひとりでいて、ぬいぐるみの人形や動物を相手にどんなに喋っても、ストレスは解消されない。では、ぬいぐるみの代わりに生きたペット、つまり犬や猫を前に座らせてグチをぜんぶ言ってみたらどうでしょう。

「なあ、犬よ、今日会社でこういうことがあった。とにかくあいつのせいで、自分はとんでもない目に遭わされた。あいつを殺しても気が治まらない！」

などと大声で言ったとしても、心のなかの気持ちは消え去らないのです。なぜでしょうか？

やはり人間がいて、自分の話をそうかそうかと聞いてくれる。そういう相手がいると、不思議なことに、すーっと苦しみが消えていく。あの力はいったいなんでしょう？　自分の話を聞いてくれる人に、何か神さまのような力が備わっているのでしょうか？

そうではなく、それこそ友情という慈しみのパワーなのです。友情という心の働きによる変化なのです。この心の働きは、人間であればだれもが共通して持っているエネルギーです。ですから、もし何か精神的な悩みが生じたのなら、だれか聞いてくれる人に話せばいいのです。それだけでかなり心は休まりますし、たいていの悩みや心配は治ってしまいます。

そういう心の働きがあるからこそ、人間は幸福という感情を味わうことができるし、ストレスや心の悩みという苦しさからも解放されるのです。でなければ、人間はこの世を力づよく生きていくことは到底できないかもしれません。会社で辛いことがあろうと、家事でストレスがたまろうと、子育てでどんな心配事が持ち上がろうと、歳を取って淋しく孤独感に苛まれようと、話し相手がいるだけで結構救われ、問題は解消されていきます。これが一つの幸福への道なのです。

そういうわけで、私たちはもっともっと積極的に友情という感情を育てるべきです。友情という感情を育てることによって、大きな幸福感が得られますし、その幸福感を奇蹟的とも感じるはずです。

他人の悩みを聞いて病気になるのは友情が足りないから

ちょっとつけ加えて説明しますが、他人の悩みばかり聞いていると、ときたま聞き手のほうが病気になってしまうことがあります。喋っている人は治るのに、聞いているほうが病気になる、というのも困った話ですが、これは聞き手に友情の感情が足りないことから起こる現象なのです。友情の感情が希薄なとき、相手の話を真に受けてしまって、相手から出る感情の影響をもろに受けてしまいます。

要するに「聞き方がよくない」のです。友情で聞いているときは、相手の言うことはそんなに気にならないものです。友達同士の会話などというものは、相手が何を言うのかまったく気にしていないのです。

具体的に説明しますと、友達同士には最初からコミュニケーションがないのです。みんな「コミュニケーションしたい」と願っていますが、本当はコミュニケーションしては困るのです、友情という感情は！　友達という関係は、ただふざけて大騒ぎしているだけで、こっちの話を向こうは聞いてくれないし、向こうの言うこともこっちは聞いてはいない、そういう関係なのです。

その証拠に親しい友達であれば、何の遠慮もなく相手のアパートの部屋に上がりこんで、冷蔵庫の缶コーヒーやらビールやらを勝手に飲んでしまうし、インスタントラーメンだってあれば黙って食べてしまうでしょう。

「あっ、それ、自分が食べようと思っていたのに！」

と言ったところで、そんなことには耳も貸さないでしょう。

「迷惑だから帰ってくれよ！」

と言ったところで無視されて、自分の言いたい放題のことを言って、気がすむと帰っていく。コミュニケーションなんて初めからないのです。

それでいて二人はとても仲良くしている。心が通じているのです。口先では喧嘩しているような言い方であっても、心では友達のことをとても大切に思っているのです。

こういう関係ですから、相手の話はぜんぜん聞いてないけど、その友達のことを心から心配している。

「聞き手が余計な悩みや苦しみを受けてしまって、自分が苦しむ」というような現象は起こらないのです。それが友情という心の働きの持つ不思議な力なのです。

友達ができない人からは拒否エネルギーが出ている

では、「友情を育てるにはどうしたらいいのか」という問題が次に出てきます。ところが、この問題は結構大変なことなのです。友達とは素晴らしい関係であり、人間の幸福に必要不可欠な要素だとするなら、たくさん友人をつくれば幸せもまた大きくなるはずです。でも多くの人は、友達をつくるのは大変なことと考えてしまうのです。

もし、友達づくりに負担を感じたり、友達ができにくかったりするときは、その人に友達をつくる基本的な資格がまだ備わっていないのです。

こんなふうに考える人もいるようです。「いったい友達は何人いればいいのか？　一人か、二人か、それとも十人だろうか、五十人だろうか？」こういう考えもまた、友達をつくる資格がない証拠だと言わざるを得ません。そういう人が、

「私には友達が一人もいない。淋しくて仕方がない、話し相手がいない。結婚してるけど、旦那さんはぜんぜん話し相手になってくれないし、子供もいるけど、子供もぜんぜん口を利いてくれない。いったいどうしたらいいの？」

と不満をもらしたところで、

「では、だれか偉い宗教家にお祈りをしてもらいましょうか？」

というわけにはいかないのです。

こういう人は、自分の心に友達をつくるエネルギーがないのです。逆に、自分の心が人を遠ざける、拒絶するエネルギーを放出しているのです。そのエネルギーにぶつかって、相手は逃げだすのです。

分かりやすい比喩を使えば、ここにまったくお風呂に入らない人がいたとしましょう。当然、身体は汚れているから、嫌な臭気を放っています。そういう人に出くわすと、私たちはどうなるでしょう。「いやあ、お久しぶりです」と近づいて挨拶を交わすどころか、たとえ親戚でもその場からすぐにでも逃げだしたくなるでしょう。

この例で言えば、嫌われる理由はただ「清潔でない」というだけに過ぎませんが、心の場合はそんなに単純ではありません。自分の心から悪いエネルギーを出すと、受け取る相手の心は拒絶の態勢に入ってしまいます。気持ち悪い拒否すべきエネルギーとして、心の前にシャッターを下ろして受けつけないようになるのです。これでは心と心の繋がりは生まれません。

そういう嫌なエネルギーを放出しているかぎり、その人の心はいつまでたってもひとりぼっちです。家族はいても、口を利いてくれないでしょう。近づいてくる人はいないのです。

すべては自分の心が出すエネルギーが原因で起こる現象です。自分から人を拒絶しているのです。

人に嫌われる人間に共通のエネルギー①――高慢

では、その相手から拒絶されるような悪いエネルギーというのは、いったいどんなときに放出されるのでしょうか？　悪いエネルギーがたくさんあることにびっくりされるかもしれませんが、挙げてみましょう。

まず一つは高慢。自分だけが正しいのだと思う気持ちです。言ってみれば、お節介な性格です。お節介そのものは別にどうということもないのですが、どうもその人の言うこととなると、だれもが嫌な感じがして逃げてしまう。ふつうなら親切心からいろいろ教えてくれてみんなも喜ぶはずなのに、逆に皆からお節介なイヤな奴と嫌われてしまう人って、案外いるものです。あれはどういう人間なんでしょう？

お節介人間も、教えたくてうずうずしているだけならいいのです。でも、その気持ちのなかに、「自分は偉いのだ、自分だけが正しいのだ、だからお前たちに教えてやるのだ」という高慢な心が出ると、みんなから疎（うと）んじられるのです。

憶えておいてください。高慢な心が放つエネルギーが一つです。

人に嫌われる人間に共通のエネルギー②――批判精神

さらにこの高慢な心から派生するエネルギーのひとつが、批判精神です。

何でもかんでもすぐに批判したがる心。人に会うと、すぐ心のなかでその人の粗探しをはじめる。「この人のこういうところがよくないんではないか」とすぐに批判したくなる性格です。この人の歩き方はちょっとよくない。ごはんの食べ方がおかしい――そんなふうに、何でもかんでも批判的に見てしまう。

本来、よくないことを教えてもらうのはありがたい話ですが、ほとんどのケースでは嫌な感情を抱いてしまうのです。教えられたその瞬間から、「その人と仲よくするのは金輪際ご免だ」といった気持ちになってしまう。それは、「何だこの人、偉そうに」という言葉が象徴するように、教える側が親切心からの好意ではなく、批判精神で捉えているからです。

こういう人は何かを見たり考えたりするときに、まず「欠点はどこか、まずい部分はどこか」という見方で物ごとを捉えようとするのです。音楽を聴いてもどこかおかしな部分はないか、人と喋っていてもこの人はなにか間違ったことを言っていないか、どこか欠点はないか、とそればかりを気にして対応しているのです。

しかも、その欠点やら間違いを見つけると、本人は気持ちよくなって、

「あんた、そういう喋り方はよくないよ」

などと批判的に言うのです。そうなると、言われたほうの人は二度と顔を合わせたくない、と心の蓋を閉じてしまいます。

これはなかなか治らない病気です。相手を批判しながら心のなかで相手の欠点だけを見たがる虫メガネを持つ限り、その人にも友達は一人もできないでしょう。そういう感情を察知して、周囲の人間は逃げていってしまうのです。

人に嫌われる人間に共通のエネルギー③——独占欲

また私たち人間は、ときたまこういう性格になることがあります。それは、「他人はどうでもいいのだ、自分一人で十分だ」という感情に捉われるようなときです。

「だれもこっちへ来るな、これには触れるな、自分の部屋には来るな」

こういう性格の人は、よくいるものです。

「これは私が座る椅子だ。なのに、なぜあなたが座っているのか？」

というふうに、自分だけの世界をつくって、その内なる世界にこもってしまう。こういう「私の部屋には来るな」式の性向を英語では introvert と言います。何でも自分専用に独り占めしたくなる。部屋でも、ベッドでも、ペットでも、自分専用にして他人に関与されたくない気持ち。他人どころか兄弟でも、鉛筆や消しゴムなんかでも、何かちょっと使われると、それだけで、

「どうして私の鉛筆を使ったのか。それは私のものだぞ！」

と怒りだすのです。

この性格が幼少期からある人は、気をつけなければいけません。そういう子供が大人になると、大きな問題を引き起こすまでに発展していってしまう可能性があります。たとえば、会社に入って仕事をしても、

「これは自分の仕事だから、邪魔しないでほしい」

などという気持ちになってしまうのです。会社のなかでも自分の壁をつくってしまい、周囲の人間から敬遠され、果ては孤立してしまうのです。

要するに、自分の持っているもの（この場合、物質だけでなく才能なども含みます）を他の人と共用することを嫌がる性格です。自分で自分の殻を作ってこもってしまうのですが、これは案外子供のころからの性格が尾を引いている場合が多いのです。

子供のころ、そうした性格が自分にあったかどうかを思い出してみることも必要かもしれません。もし思い当たる節があるならば、その性格が自分のなかで知らぬ間に大きく育っている可能性があるので、十分気をつけてください。本人は意外と気がつかないものですから。

会社でバリバリ仕事をしてその道のプロと言われるような人がいるとします。そういう人は自分の仕事道具に他人が触ることを嫌がる。机にしても、本棚にしても、それこそ鉛筆一本、消しゴム一つに至るまで触らせない――それは理解できるのです。なぜなら、そういう人は仕事のプロであって、仕事上の道具は本人の使い勝手が良いように精密に調整されているはずですから。

でも、仕事で迷惑を掛けたくないためにそうしているのか、仕事を大事に考えてそういう性格になったのか、それとも生まれつきの性格で自分の世界に他人が入り込んでくるのを嫌がっているだけなのか。これはちょっと分からないのです。ですから、自分の子供のころの傾向を思い出してみるといいのです。

赤ちゃんからは一目瞭然にそういう傾向が分かります。

同じ赤ちゃんでも、手に持ったおもちゃを取られても平気な赤ちゃんがいる一方で、おもちゃを絶対に自分の手から放そうとしない赤ちゃんもいます。おもちゃの代わりに危険なものを手に持って遊んでいるのを見た母親がひっぱって無理やり取り上げようとすると、わんわん泣いてしまう。そういう子供は大きくなっても独り占めの性格を引きずっている、と考えても差し支えないと思われます。

赤ちゃんや子供のころはそういう性格も可愛く見えるものです。ですから、大きくなってから見抜くことは難しいのです。

人に嫌われる人間に共通のエネルギー④——物惜しみ

人の独占欲の対象は、何も道具ばかりとは限りません。「自分の才能、自分の時間、自分の知識なども、みんな自分の所有物だ」という意識がありますから、それすらも共用することを拒否するのです。

仏教では、こういう精神状態を「物惜しみ」という一語で説明していますが、こういう人もまた、人とコンタクトを取ることはできません。ふつうの人は、自分が持っている何かを他の人も使っている、ということをきっかけとしてコミュニケーションがはじまります。でも、物惜しみの人は、そのコミュニケーションのきっかけすら拒むのです。

たとえて言えば、私はパーリ語を教えることができるのですが、どなたかが、

「自分もパーリ語を勉強したいので、教えてください」

と言ったら、私は即座に、

「どうぞ、どうぞ、一緒に勉強しましょう」

と答えます。するとそれをきっかけに、私とその人とのあいだに友情関係が生まれるわけです。なぜなら、私はパーリ語を教える能力を持っている。その能力を他の人が共用するわけです。

同じように英語に堪能な人がいて、アメリカに旅行に出掛けた人がたまたまその英語が堪能な人と知り合いになった。自分は英語をまったく話せないのだが、その英語に堪能な人が買いものにも、観光にも一緒に行ってくれて、英語の能力でその人を助けてあげる。これもその人の持っている能力を共用していることになるのです。

つまり、お互いが仲良くするためにもっとも重要な条件が、自然発生的にできてしまうのです。

コミュニケーションのいちばん自然な形です。

ところが、仏教で言う物惜しみ的な、共用を拒否するような性格があると、友達はできないのです。一人もできません。みんな逃げていってしまうのです。

お釈迦さまは、

「友達は頭数だけそろえて強引につくろうとしても、つくれるものではないのだ」

と仰っています。友達をつくろうとパーティーを開いたところで、あるいは喜ばせようと何かプレゼントをしたところで、友達はできません。おいしい料理を作ったりして親切におもてなしをしても、されたほうはただ負担に感じるだけです。

たとえば、会社のだれかと仲良くしたいからといって、高級レストランに連れていって、

「今日は私が奢りますから、十分召し上がってください」

と言って高いお金を払って食事をしたところで、相手は、

「こんなことをしてもらったら、私にはお返しができない」

と考えたり、

「あっ、困ってしまうなあ。これからはおつき合いするのも断ることにしよう」

ということになったりしてしまうのがオチなのです。

友達をつくろうとして、こういうバカなことを私たちはよくやってしまうのです。時間を無駄使

いしたり、無駄な出費をしたり、それでいて友達はつくれない。それどころか、これまでいた友達まで失うことになってしまう。せっかく口を利いてくれていた人まで、口を利かなくなってしまう。ですから、そういう方法はよくないのです。

そうではなくて、私たちは常に心というものを磨く訓練を怠(おこた)ってはいけないのです。心のなかにある友達が逃げるような悪いエネルギーに代えて、いいエネルギーをつくる。友情＝慈しみというエネルギーを強引にでもいいからつくっていく。そういうエネルギーがつくられると、ごくごく自然に人々はあなたの周りに集まってきて、あなたと一緒に行動しようとするのです。

では、「そういういいエネルギーとは、いったいどうやってつくったらいいのか」という話に移りましょう。

Ⅲ　慈・悲・喜・捨

慈＝友情を育てる瞑想

いいエネルギーを心に育てる具体的な方法として、お釈迦さまは慈（じ）・悲（ひ）・喜（き）・捨（しゃ）の瞑想を説かれました。この瞑想を続けることで、心が慈しみのパワーに満たされて、自然とあなたの周りに友情の輪が広がっていくのです。

瞑想のスタート地点は、

「自分が幸せでありますように」

と念じることからです。まず、自分が幸せであることを念じるのは、しごく当たり前のことです。

次に、

「自分の親しい人々も幸せでありますように」

と正直な気持ちでしっかりと希望するのです。自分の親しい人々をしっかりイメージして念じる。

このとき、些かでも怒りが生まれたり、「あの人は嫌だなあ……」と思ったりしたら、まだまだ修行が足りないということです。

「どんな人間も、人間ばかりでなくあらゆる生きものは、すべての生命は大切であり、みんな素晴らしく、頑張って生きているのだ」という思いをつよく持ちましょう。

「私は皆さんに対して、やさしい心をつくらなければいけない」

という使命感で、「いついかなるときも、自分は常にやさしい心で人に接していく」という信念を日常生活のなかで実践していくことが大切なのです。

この場合、「友達をつくりたい」という気持ちはぜんぶ消してしまいます。友達を欲しがる気持ちはいりません。そうではなくて、

「人にやさしくしましょう」

それだけを実践していくと、いつでも自分の心のなかはやさしい気持ちだけで満たされます。それが自分の表にも現れてきます。不思議なことに、物惜しみや、わがままや、高慢や、人を批判したがる気持ちなどは、みんな消えてしまうのです。

たとえば、物ごとをいつも批判ばかりしていた人がこの実践をはじめてみても、最初は人を見るとついつい、

「この人の喋り方がよくない」

とか思ってしまうことはあるでしょう。それは自分の長年の癖だから、仕方のないことなのです。でも、そう思っても次に、

「それを言ったら失礼だ。自分はいま、人にやさしくしなければいけないのだから、そういうことは言わないようにしよう。とにかくいまは、心をきれいにしよう。それだけのことを考えていよう」

と努力していくと、その気持ちはすーっと消えていくのです。その代わり、いいエネルギーがどんどん心のなかに湧き出てきます。そのエネルギーを友情（慈しみ）というのです。

慈しみのエネルギーは、「生命に対してやさしくしよう。みんな生命は等しく尊いものであり、みんな一所懸命生きていて、各々が必死に自分で努力して、自分の生き方をしている。自分も負けないように、自分なりの生き方を発見しよう。自分も同じ生命だから、人に対してもやさしい気持ちを感じよう」という洞察から発せられるのです。

人に対して「これが悪い、あれが悪い」などと批判するような気持ちは捨てることです。人の迷惑になることや嫌がることを、理屈をこねて正当化するような行為もすぐにやめることです。もちろん、こういう気持ちは人間にだけではなく、生きとし生けるものすべてに広げていかなければなりません。

お釈迦さまは、

「人間のみならず、一切の生命に対して友情の心を育てれば、その人は神よりも優れた存在になるのだ」

とさえ仰るのです。そういう人は、「私は神さまですよ」というどころか、「私は神を越えているのですよ」と言ってもかまわない、とまで断言されているのです。

それほど慈しみ＝友情というエネルギーは素晴らしく力強いパワーを持っている、ということの証しとして仰った、お釈迦さまの比喩でしょう。

自分の慈しみが人も助けて自分も助ける

生命に対してやさしい心を持つのです。まず自分にやさしくあることからはじめて、次に他人にやさしい心をつくります。友情というエネルギーはすべての人間にとって、幸せに生きるための欠くべからざる燃料なのです。

友達が何人いればいいのか、ということは関係ありません。もっとも重要なポイントは、自分に限りなく生命を愛する友情・慈しみという心のエネルギーがあるかどうかなのです。

そういう心のエネルギーは、譬えようもない清らかな波動として、その人から周囲に向かって広がっていくのです。そういう波動を発している人は、何もせずに側にいるだけでいい気分になってきます。怒りや嫉妬に苦しんでいる人も、その人の波動を受けただけで気持ちが落ち着いてくるのです。

それどころか病人なども、こういう友情という清らかな波動に触れると、それだけで気持ちが明るくなってくるのです。

だいたい病気になると、本人も周囲も暗くなって、落ち込んだ悪い波動をつくってしまうのです。気持ちが落ち込んでいると、病いはますます悪くなってしまいます。私たちの周りでも、きのうまで元気だった人が、入院しただけですっかり変わり果てるのを見て驚くことがよくあるでしょう。病院には病気に罹って落ち込んだ人たちが集まりますから、自然と本人もその影響を受けてしまうのです。

そこに友情という慈しみの心を持った人が現れると、それだけで病人の落ち込みは消えていってしまうのです。ありがたくてありがたくて、清らかなエネルギーに触れてその人の心も浄化されていくのです。お見舞いに現れただけで、暗い気持ちが吹き飛んで元気が出てくる。

「どうですか？　早く元気になってくださいよ」

と激励でもされたら、それで病気が癒えてしまうのです。

こういう現象を、現代の人は奇蹟と呼んでいるのですが、仏教が教える心の仕組みを知るものにとっては奇蹟でも不思議なことでも何でもないのです。ごくごく当たり前の現象として捉えているのです。

友情というエネルギーは、このようにいくらでも人を助ける力を持っています。病気で弱った人の体力を回復させてあげたり、精神的に落ち込んでいる人には心の活力を与えてあげたり。もちろん本人は病気など一つもしないし、いつも元気で、精神的にも充実しています。こういう人は何をやっても成功するのです。店を開いて商売をやっても、自分の心に人をひき寄せる力がありますから、用もないのにみんなその店に寄って何か買ってしまうのです。この人には自分が儲けたいとか、いい暮らしをしたい、などというエゴの欲望がないから、みんなが寄ってきて、どんどん運命が好転していくのです。苦労というものがなくなってしまうのです。

人間の幸福というのは人間関係の好転によるところが大きいですから、人間環境をまず自分でよくしておく必要があるのです。そうすれば、自然に人は集まってきます。

わがままで、高慢で、いつも人を批判したくなるようなひとは、結局は孤独主義に陥って、それで淋しくなって苦労するのです。ですから、大切なポイントは、友情を実践してまず自我という小さな器を抜け出て、あるいは自我の殻を打ち破って、スケールの大きな存在へと成長していくこと。それだけでいいのです。それだけで十分幸せになっていくのです。

しかしそうは言っても、友情というエネルギーを育てるにはどうしたらいいのか、という問題は残るのです。理屈の上では理解したつもりでも、いざ友情の実践をしようとすると、いったいどうしたらいいのか分からない、という人も多いでしょう。これは言ってみればイメージトレーニングですから、難しいと言えば難しい。

一つの方法として、皆さんだれもが経験したことがあると思いますが、学生時代の友人というのはとてもいい関係でしょう。いつもいっしょにいたいと思ったり、友人の心の痛みは自分の心の痛みでもあったりする関係。思い出すたびに、胸のなかにぽっと火の灯るような関係。そういう友達と仲良くしていたときの気持ちはどんな感情だったのか、それを思い起こしてみるといいのです。「自分と同じように幸福であってほしい」「周囲の人々と仲良く過ごしてほしい」「みんな幸福であってほしい」と言葉に出して、頭のなかでフィードバックするのです。

打算もなく、妬(ねた)みもなく、ただ純粋に友達としてつき合って、とても楽しく幸せであったのです。その状況を思い浮かべて、いま自分をとり巻く周囲の人々に対しても、学生時代の友人を思ったのと同じように「幸福であってほしい」と念じるのです。

さらにその思いを、周囲の国の人々、世界中の人々、人間のみならず動物など生きとし生けるもののすべてに向けるのです。「みんなが仲良く、楽しく暮らしてほしい」というイメージをどんどん膨らませていくことによって、心の悪いエネルギーをすべて捨てていくのです。それが慈しみ＝友情のエネルギーを育てる実践方法なのです。

自分も他人も幸福にする〝慈しみの力〟②――悲＝抜苦

次の心の実践方法は悲＝抜苦（ばっく）といって、他人の苦しみをあたかも自分の苦しみであるかのように捉えて、その人が苦しみから抜け出せるようといろいろと努力したり、助けてあげたりする心を培（つちか）う方法です。

どんなに仲の悪い関係であっても、自分の親しい人とか家族のだれかが急に病気になったり、苦しんだりしているのを見れば、とても心配になるでしょう。

たとえば、母親と大喧嘩しているときでも、その母親が突然病気になって弱ってきたら、険悪だったことも忘れて、心配する気持ちになるでしょう。そういう気持ちの変化は、人間であるならばごくふつうにあるのです。どんなに自分勝手な人間でも、大変なことになったときは、自我を捨てて人を助けたくなるのです。

そのいい例が、二〇一一年に東日本大震災が起きた際の日本人でした。ふだんは隣りの人が何者かも分からないでいたのに、災害時になれば、そういうことはお構いなしにみんなで助け合って、大変やさしい心に変わってしまったのです。たった一日で、突然立派な人間になってしまう。心にはそういう働きがあるのです。ですから、友情という感情を育てるのが難しいと思っている人は、そういう状況下に自分を置くことによって抜苦の心を育てていったらいいのではないでしょうか？

人間は他人が苦しんでいるとき、悩んでいるとき、病気になって倒れているときは、自然とやさしい気持ちになるのです。路上で足が不自由な人とか、目の見えない人に「助けて！」と言われたら、黙ってはいられないのです。だれかが迷子になって道が分からなくなって困っているときは、自分が知っていれば気持ちよく教えてあげるでしょう。場合によっては、その場所まで連れていってあげることもあります。それが人間のいいところなのです。そういうときには、

「ああ、いいことをした。嬉しいなあ」

と、自分も元気な気分になるに違いないのです。

苦しんでいる人を助けること、自分より不幸な人を助けてあげること、これを〝カルナー〟と言って——先ほども触れた抜苦という意味ですが——、それを実践することもまた心を培う意味で大変いい方法です。

どんな人間でも人を助けた経験は必ずあるものです。自分が家族のだれかを助けたとか、友人を看病したとか、人の役に立った経験はいくらでもあるのです。そのときの自分の気持ちはとてもいい気分のはずです。やさしい心になりました、元気にもなりました。その人の病気のおかげで自分が助けてあげられる状況下におかれることになった、面倒を見てあげられる立場になった。そのおかげで自分の気持ちも明るく元気に、清らかになっていく。これが抜苦と言って、人を助ける愛情なのです。

その愛情は強い力を秘めているのです。その自然発生的に湧き上がってくる気持ちで面倒を見てあげると、相手も元気になるのです。これは法則であって、ごく自然な現象なのです。

仲間同士で山登りをして迷子になったとき、そのなかの一人が山をよく知っていて、

「自分が責任を持って案内するから、安心してください」

と言った瞬間から、その案内役を買って出た人は元気が出てきて、頭もしっかり働きはじめ、

「じゃあ、こうしましょう。次はこうしましょう」

といろいろな知恵を出したりして、一人で苦労しながらも二役も三役も引き受けて、助けてあげようと努力するのです。

こういうときの元気はどこから湧いてくるのでしょうか？ それはやはり苦しんでいる人を助けてあげたいという愛情から出てくるのであって、その愛情は私たちに奇蹟的な知恵と体力を与えてくれるのです。

では、どうしたらそういう実践ができるのでしょう。

家族を助けるかのように

突然「よし、今日から人を助けることに専念しよう」と町へ出たところで、そうそう助けを求めている人には出会いません。たまに苦しんでいる人がいて、「よし、助けてあげよう」と近づいていっても、迷惑がられるか不審に思われて、「いいえ、結構です」と断られるのがオチです。電車に乗ったら足の不自由な人がいて、「よし、しめた、いいことができる」と勇んで席を譲っても、

断られる場合も多いのです。「なぜこんなにも親切にしているのに断るのか」と腹が立ちますけれど、断られるのにはれっきとした理由があるものなのです。

それは、助けようとしている側の人間の心がきれいではないからなのです。本当に心の底から助けようと願ったのではなく、どこか高慢な心でやっているのではないでしょうか？　「自分はいま善い行為をしているのだ」と自己陶酔しているだけの自分勝手な気持ちではないでしょうか？　そういう自己満足的な行為は、相手に嫌がられます。相手の方から確実に断ってくるのです。

自己満足的な行為は、抜苦という本当の愛情ではありません。愛の実践とはとても言えません。たとえば自分の家のだれかが病気になったとします。そういうときに、

「じゃあ、善い行為をしてあげましょう」

といちいち考えてやりますか？　そんな打算的な感情なんて、少しも持たないでしょう。当たり前の行為として自然発生的に、「何か役に立ちたい」「病気を治すために、自分にできることなら何でもやりたい」と思うはずです。それこそが抜苦の行為です。抜苦という本当の愛情です。

抜苦を実践したい人は、そこのところをよく考えてみてください。自分の親族、家族、親友、そうした人々が大変なときは、ごく自然に助けてあげたいと考えるでしょう。子供が受験勉強で夜遅くまで起きていれば、自分もまた遅くまで起きてつき合ってあげて、それを喜びに感じる。そういう行為こそ愛の実践なのです。

「人から感謝してもらいたい」とか、「自分がいい行為をしてあげていることを見せよう」などというような売名行為や第三者の評価など一切気にすることなく、自然に助けてあげたいと思う心が大切です。

先ほどの例でも、電車で足の不自由な人がいたら席を譲ってあげるのはごくふつうのことで、そんな大したことでもないし、何でもない当たり前のことだという気持ちで、

「さあ、どうぞ」

と言えば、相手の人も、

「ああ、ありがとう」

と感謝して座るのです。

私たちが育てなければならないのは、この自然な愛情なのです。

悲＝抜苦を育てる瞑想

抜苦の感情を育てるための瞑想はこのように行います。悲しんでいる人、苦しんでいる人を特別に思い浮かべて（具体的に名前を思い浮かべることができるのなら、その名前を心に念じて）、

「○○さんの悩み苦しみがなくなりますように」

と念ずるのです。これならだれでも簡単にできるでしょう。難しいことは何ひとつありません。

練習として、こういう方法があります。かつて経済大国と言われた日本ですが、いまではすっかり疲弊していて、子供の貧困が深刻です。満足に食事をとれるのは学校給食だけ、その学校給食さえメニューがどんどん貧しくなっている、という悲惨なニュースも報じられています。

そのようなニュースから目を背けたり、いたずらに悲憤慷慨したりするのではなく、

「ああ、この子供たちも幸福でありますように」

「生まれた境遇に関わりなく、子供たちが食べものにも困らず、豊かに幸福になりますように」

そう念じてみてください。ごく自然に念ずることができると思います。

また、こういう練習もできます。私たちはいろいろな場所でさまざまな人々に出会っています。人間というものはだいたいが疲れた顔をしているものです。仕事が忙しくて、人間関係が複雑で、神経をすり減らすことばかりが多くて、それで顔から精気が抜けてしまっているのです。そういう人を見かけたら、

「この人がどうか元気で、すべてがうまく運びますように」

とちょっと心のなかで念じるのです。

これを何週間も繰り返し繰り返し念じていると、やがてあなたの心には人を慈しむ気持ちがすぐ湧いてくるようになります。「人を助けてあげたい」といつも思えるようになります。そういう心の習慣が、ごく自然に自分の身についてくるのです。

このようなメンタルトレーニングが必要です。なぜならば、一人の力で具体的に人を助けようとしても、出来るのはせいぜい二、三人程度になります。助けるチャンスに出会わないこともあります。それでは、心が小さいままで終わってしまいます。また、われわれは心のスケールを限りなく拡大しなくてはいけないのです。ですから、現実的に人を助けることにはその場その場で励むにせよ、理想的には「すべての生命の悩み苦しみが無くなってほしい」という気持ちを限りなく拡大してみるのです。ということで、メンタルトレーニングが欠かせないのです。

抜苦という本当の愛情を育てると、それだけでかなりの能力がついてきますし、また助けてもらった人の側も素晴らしい波動を受けて、心が清々しくなります。〝カルナー〟は友情という感情をうまく理解できない人にもすぐ実践できる方法として有効です。

自分も他人も幸福にする〝慈しみの力〟③――喜＝共に喜ぶ

しかし世の中には、それでも人の苦しみを助けてあげることができない、という人もいるようです。そういう人には、もう一つの方法があります。

それは「共に喜ぶ」という感情を持つことです。パーリ語では、〝ムディター〟という言葉で表します。人の幸福、成功、幸運を見て、それを共に喜ぶのです。簡単なことでしょう。ただいっしょになって喜んでしまえばいいのですから。

「ああ、よかった」
「いやあ、おめでとう」
「よかった、よかった」

と言って、自分のことのように気持ちよく喜ぶ。べつに自分は何もしなくていいのですから。自分の知り合いが何かやって成功した。それを知って、我がことのように、まるで自分が成功したかのように、思う存分喜ぶのです。

ところが、人間という生きものは、そういうことすらできない悲しい存在なのです。だれかが成功したり、仕事がうまくいったりするのを見ると、悔しくなって、嫉妬に燃えて、その人の幸運な姿をみて怒り心頭に達してしまったりするものなのです。周りが成功していくと、自分は嫉妬のあまり病気になってしまう人もいるのです。

こうして話に聞いていたり、読んだりしているだけなら、皆さんも他人事のように笑っていられるでしょう。でも、実際は皆さんだって大同小異、いつでも同じような嫉妬に駆られているのではないでしょうか？　本来であればこれは可笑しいことです。だれが聞いたって、人が努力して報われて成功するのは喜ばしいことだし、気持ちのいいことではないでしょうか？

喜＝共に喜ぶ感情を育てる瞑想

喜の感情を育てる瞑想は、一種のイメージトレーニングのような方法を取るのです。

どんな人間でも、自分が成功したり、嬉しかったりした出来事の一つや二つは必ずあるでしょう。そのとき自分がどのくらい喜んだのかを思い浮かべて、それから自分の周りで起こった喜ばしい出来事、たとえば親戚の子供が合格したとか、家族のだれかが幸せな結婚をしたとかいう慶事などを思い起こして、そのイメージを広げてみるのです。

さらにそこから、自分には直接関係のない人たちの喜びにまでイメージを膨らませてみる。

近所の人が新しく家を建てて喜んでいる姿とか、自分には直接関係のない存在であっても、たとえば両手のない人が訓練して両足を使って絵を描けるようになり、個展を開くに至ったというニュースを見たら、

「ああ、これは称賛すべきことだ、こんなに頑張って生きてきて、素晴らしいことだなあ」

と、まるで自分が個展を開いたかのように喜べばいいのです。周囲の人間を見れば見るほど、みんな幸福を目指してさまざまなことに頑張っている姿が見えてくるものです。ですから、この実践をしようとする人にとって、無量の喜びを味わえる機会は無数にあるのです。

世の中には〝ムディター〟という喜びの心を共有できる素材はいくらでもあります。

ただ座って鳥を眺めているだけでも〝ムディター〟の心を培うことはできます。鳥たちが一所懸命餌を探しているのを見て、餌が見つかれば、

「ああ、鳥さん、餌が見つかってよかったね」

と喜ぶこともできるし、親鳥が雛に餌を持ってきてチュンチュン鳴きながら食べさせてやっているのを見れば、

「ああ、幸せでいいなあ」

と、自分もニコニコと笑顔になって幸せを味わえるし、空を見ても、山を見ても、川を見ても、森を見ても、あるいは動物を見ても、いくらでも幸せを楽しむことができるのです。

幸せになれないものの見方

ところが逆に、たとえば山に行っても、

「何か、熊か蛇でも出てくるのではないだろうか？」

と恐怖心や怒りの感情ばかりを出してしまう人も多いのです。

テレビなどできれいな海を映していて、そこにいろいろな魚が泳いでいるのを眺めていても、

「ああ、あれ美味しそう」

という発想しか湧かない人も大勢います。

以前、私は魚を見ようと思って水族館に行ったことがあります。そこに普段は見られない大きな珍しい魚がたくさん泳いでいて、私はいい気持ちで眺めていました。側にいた若い夫婦が魚の品評

会をやっているようなので聞いていたら、何と、

「あの魚は美味しそう」

とか、

「これは塩焼きにすると美味いんだ」

などと言って見ているのです。私は気持ち悪くなって、いたたまれずにその人たちから離れたのです。

生命を見ても、すぐそれを食べることに結びつけてしまう人々！　世界にはごはんもなくて、食べるものにも不自由して、苦しんでいる人々がたくさんいるというのに。自分たちは食べすぎてダイエットしているような連中が、それに懲りもせず、生き物を見ては食べる算段ばかりしている。それがどんなに残酷で、気持ちの悪いことかも知らずに。

別に魚を食べてはいけない、と言っているのではありませんよ。でも、夫婦らしき二匹の魚が体を寄せ合って泳いでいるのを見て、

「ああ、いい光景だな」

とか、

「元気そうで、楽しそうで、いいな」

と思うのが幸福ではないでしょうか？「水族館にいる魚は餌ももらえるし、温度調節もしてもら

える し、病気になっても面倒を見てもらえる。それに比べれば私たち人間は、だれもが面倒を見てもらえるわけでもなし、仕事をしなければごはんも食べられず大変だ、お前たち水族館の魚はいいね」と思いながら見るのも、楽しさの一つではないでしょうか？

家に飼っている猫にしても同じことが言えるのです。猫もごはんを食べてただ寝ているだけ。それでいてわがままで、ごはんがちょっとでも美味しくなければすぐ食べなくなってしまう。それで飼っている人間は、猫がごはんを美味しく食べてくれるように一所懸命いろいろと考えて工夫して、餌をやらなければならなくなる。それをあげながら、

「この猫はわがままで高慢で生意気だ」

などと怒るのではなく、

「お前はいいねえ、そんなふうに食べて寝て、暖かでふかふかな布団に寝っころがって。私たちはこんなに寒い夜だというのに、出掛けていって働かなければ食べていけないんだよ」

と言って、そういう楽しみ方をすれば、それが喜びの実践にもつながっていくのです。

「自分の心のなかに何を育てていったらいいのか」ということを念頭に置いて生活すれば、世の中のどんなものを見ても、何を経験しても、そこから自分の見方、考え方を変える何かが発見できるのです。それは、〈いつでも楽しみを感じながら、喜びの心で生命を見る〉という訓練なのです。

あるインドの子供たちを記録した番組があって、十歳くらいの子供が列車に乗ってものを売って

いる光景が映し出されたのです。十歳くらいの小さな子供が必死でものを売っている、というのは、考えてみれば大変残念な光景です。ふつうなら学校へ行って勉強している年齢でしょう。それが、貧しいのか、何か事情があってなのか、学校へも行けず、ものを売っている。たいていの人は、「貧しい連中はいやだな」という感情で一蹴してしまう光景かもしれません。ボロボロの服装で、顔だって汚くしていましたから。

でも、慈・悲・喜・捨の喜の心がある人は、こういう光景からも何かを発見するのです。何かを学ぶのです。

わずか十歳なのに、一日中仕事をして、いくらか稼いで家に戻っても、親はいないのです。その子には二人の妹がいて、妹たちのために自分で料理して、三人で食べているのです。ああいう姿を見ると、感動するのです。あの子供は、自分でできる精一杯のことをやって生きているのです。別に大した料理ができるわけでもないでしょうけれど、自分でできる範囲で何とかして、二人の妹の面倒を見ている。三人の兄妹は、それでも仲良くみんな寄り添って、互いに助けあって、思いやりの精神で生きている。

そういうテレビを見たら、

「あっ、なるほど、貧しくても心は素晴らしい人間なのだ。しっかりした子供なのだ」

と思うのです。私たち大人でさえ、この子供にはかなわない。そう思ったところで、私たちは何かを感じるのです。それは自分たちにとって大きな勉強になって、しかも自分の人間性、心が変わっていく、という実感を持てる絶好の教材になるのです。

Ⅳ　本当の愛だけが奇蹟を起こす

喜びの感情に溢れると自分も周りも好転させる

このように喜＝ムディターの実践をしていくと、何を見ても、どんな体験をしても、自分にとっていいこと、自分に得られる何かがあるのです。そういう自分の見聞のなかで、「何かいいことが発見できるのではないか」という方向へと、自分を誘うことができるのです。こうなるとしめたもので、生きることが楽しくて楽しくて仕方がなくなる。毎日が幸福感で満たされてくる。

皆さんはカラスという鳥が嫌いでしょう？　皆さんがなぜカラスを嫌うのか私にはよく分からないのですが、私はこのカラスという鳥が好きなのです。

「私はカラスが嫌いです」

という意見を聞くと、私など、

「ああ、この人は不幸だな」

と思ってしまう。カラスが嫌いだというのは、嫌いという感情だからどうしようもないのですが、嫌いという感情は決して幸福にはつながらないのです。

　私はカラスが好きです。カラスを見ていると楽しくて仕方がありません。第一にカラスというのは決して美しい鳥ではありません。他の鳥たちに比べれば、まったく美しくない。色は真っ黒だし、形だってそれほど優雅とはいえない。大きくもなければ小さくもない、どちらともつかない中途半端な大きさでしょう。

　白鳥みたいに大きければそれなりの存在感もあるだろうし、カナリヤや鶯のように小さくてきれいな声で鳴けばこれはまた可憐だという魅力がある。カラスは鳴き声もきれいではないし、悪食（あくじき）という悪い評判もある。

　でも、私はそういうカラスの特徴が好きなのです。このカラスをよく観察していると、驚くほどしっかりとした性格を持っていることに気がつくのです。堂々と生きているのです。臆病者ではないのです。だれかがカラスにどんな迷惑をかけても、決してめげることなく、臆するふうもなく生きている。

　皆さん、試しにカラスに石か何かを投げてごらんなさい。カラスはしっかりと石を投げた人の顔を憶えていて、必ずやっつけにくるのです。その人をくちばしで突っつくとかして、必ず報復をするのです。そういうのは見ていて面白いのです。くちばしで突っつかれたくらいで人間は死にはしませんから。そうやって余裕を持って見ていくと、自分の人生が楽しくなってくるし、心までが明るくなってくるのです。

カラスの例に限らず、この世にはこういう教材が無尽蔵にあるのです。そのなかで、心が楽しく明るくなれば病気などしないし、どこやらの宗教に行って高いお金を払って家内安全とか商売繁盛などをわざわざ祈願しなくとも、自然にみんなが集まってきて協力してくれたりして、いつでも人生がいい方へいい方へと好転していくのです。これは奇蹟でも運でもない、ごくふつうの当たり前の真理なのです。

オリンピックに参加する選手などは、自分が一所懸命努力して練習しても、メダルを取れないかもしれません。それでも、もしライバルである他国の選手がメダルを取ったのなら、その選手に、

「ああ、良かった」

という思いで共に喜べばいいのです。

簡単でしょう？　それだけで、嫉妬は消える、怒りは消える、高慢は消える。消えるというのは〈機能しなくなる〉ということです。自己中心的な考え方が消えてなくなるとき、それはみんなが自分といっしょに仲良くできるときでもあるのです。

自分が喜びの感情をどんどん溢（あふ）れさせていれば、周りの人も愉快になりますから、「この人といると楽しくてしょうがない」と言って、大勢の人が集まってくる。そういう人たちに囲まれている

と、自分はさらに嬉しくなって、精神力もますます大きくなっていくし、人間的にも魅力が増していく。

喜びの瞑想をしている人は、どんなに悲しい場所に行っても、悲しみの真っ只中にいる人まで瞬時に楽しくさせてしまうのです。その人が現れただけで、パーッと周りが明るくなって、みんなが元気になって、笑顔が戻ってくるのです。病人は元気になるし、仕事がうまく行かなくて悩んでいる人、人間関係で苦しんでいる人もみんな明るい心を取り戻して、解決してしまうのです。これを現代の人は奇蹟と言っていますが、仏教で言えばごくふつうの心理的働きなのです。

これならだれでもできそうでしょう？　やりやすいでしょう？　私たちふつうの人間にできる瞑想はだいたいこの三つ、メッター（友情）かカルナー（抜苦）かムディター（喜び）になるのですが、この三つはそれぞれ別個にやってもいいし、ぜんぶいっしょにやってもいいし、またいくつかを組み合わせてやっても構いません。要は、「一切の生命に対して限りなくこの感情が現れるまでやりましょう」というところが大切なポイントとなります。

いついかなるときにもこれらの感情を持って、あらゆるものごとに対して取り組むとき、人間は人間という存在を超えることができるのです。現代人が奇蹟と呼んでいる現象を、いくつも起こすことが可能となってくるのです。

自分も他人も幸福にする〝慈しみの力〟④――捨＝平安・平等な心

　さらにこの瞑想の実践による素晴らしい効果があります。〝喜〟の瞑想をやっていると、どんな不幸があっても、いつもニコニコしていられるのです。

たとえば、自分が騙されて十万円損をしたというときでさえ、喜んでいられます。というのも、人の喜びは自分の喜びでもあるのだから、自分は十万円騙されたかもしれないけれど、その代わりその十万円でだれかが幸福になっているのだから、それを喜んでいられるのです。「私は騙されても、相手がそれをもらったんだからいいじゃないか」と考えるわけです。従って、自分が損をしようが得をしようが、自分の精神は損をしない、心は傷つかない。どんなことがあろうと心を成長させていく、そういう人間になれるのです。

　とはいえ、「人間はそのようにただ喜んでだけいればいいのだろうか」という次の疑問が湧いてくるのです。生命に対しての自分の感情で、カラスを見ても喜ぶ、蟻を見ても喜ぶ、人間を見ても喜ぶ、ライバルを見ても喜ぶ……。そうやってただ、

「ありがたい、ありがたい」

「ああ、楽しい、楽しい」

と思って生きていて、それでいいのだろうか？　それはそれで構わないし、別に悪いことではないのですが、人間はそうなると、「さらに進みたい、もっと幸福になりたい」と思うのが常です。そ

ういうとき、さらに育てなければならない感情があるのです。

それは〝ウペッカー〟といって、日本語に訳せば「平安な心」「平等な心」という意味になります。

これまで学んできた三つの感情のなかで、最初の〝メッター〟は友情ですが、メッターには友情という波が心にあるのです。次の〝カルナー〟は助けてあげることですが、これも人を助けてあげたいという強い衝動があって、心はかなり波立った活動を見せるのです。また、〝ムディター〟も喜ぶことですから、喜びの波で心が溢れてしまうのです。この波は、決して悪い波ではありません。心を清らかにする波なのです。

では、心を海に喩えてみましょう。海に次から次へと美しい波が起こると、何時間でも見ていられます。人は海の波を見て喜んでいるのであって、海そのものを見ているわけではないのです。波が限りなく現れても、海そのものと比較してみたら、それほど大したものではありません。では、波ではなく海そのものを観察することにしてみましょうか。心がたちまち、限りのない海と一緒になるでしょう。その心にも波が無くなるのです。

〝ウペッカー〟とは、この波の無い心のことなのです。波の観察は簡単ですが、波を飛び越えて海そのものを観察することは、比較的難しいのです。友情、抜苦、喜びは、慈しみの波です。慈しみの海そのものである〝ウペッカー〟は、心に達することのできる最高レベルの境地です。

ここに助けてあげなければならない人がいる。「では助けてあげよう」と思う人の心には精神的な力も備わっていて、たしかに素晴らしい人間なのです。しかし、そうやってだれかを助けようと頑張るその精神的な負荷は、なかなか大変なものなのです。

「この微かな〝心の波〟も消しましょう」というのが〝ウペッカー〟の瞑想です。心の波という負荷を消すことが、すなわち平等な心を育てること、平安な心を育てることになるのです。

〝ウペッカー〟の解釈もまたちょっと難しくなるので、あとで卑近な例を使って説明します。最初に概念から言えば、あらゆる生命に対して「みんな同じ生命である」と観察して、上下関係やら、好き嫌い、きれいきたないも関係なく、そういう比較という判断を一切頭のなかから追い出してしまう、取り払ってしまう、というものです。取り払って、すべては生命（仏教用語では衆生、有情）であると、生きとし生けるものである、という心、感情をいつもつくっておくのです。

「あっ、○○さんの奥さんだ」

とか、

「あの人の子供だ」

「友達だ」

というように、ものごとを限定して見ないことです。

「あっ、人間だ」

「犬だ」

とさえ、分け隔てるべきではないのです。ただ堂々と、「生きているひとつの生命だ」という感情をつくる。この生命とあちらの生命とは違う、というような区別をつけないことなのです。

分かりにくいと思いますので、ここで一例を挙げましょう。

ここに一頭の虎が小さなカモシカを獲物として狙っているとしましょう。それを見て、あなたはいったいどちらの動物の感情でこの光景を見るでしょう。カモシカのほうがまだ子供で可哀相だと見るでしょうか？　あるいは、虎のほうに肩入れして、「虎、頑張れ」と思うでしょうか？

〝ウペッカー〟を育てる場合は、「そういう一切のややこしい感情（心の波）を取り除きましょう」というのです。メッターやカルナー、ムディターで見ると、どちらかの味方に立って見てしまうのです。たとえば、カモシカの味方になると、「カモシカは窮地に立たされて逃げられないでいる、何とかしてカモシカを助けてあげなくては」と思うのです。

「何とか、獰猛な虎から無事に逃げきってほしい」

という思いで、カモシカの応援をしてしまうのです。

一方、虎の側に立った見方をする人は、

「虎も二、三日食事ができなかったのだろう。やっと餌にありついてお腹をいっぱいにしたいだろうに。さあ、カモシカに逃げられないよう、追いつめていきなさい」

という感情で、「カモシカをうまく捕まえてほしい」願うに違いありません。

いったいこの場合、どちらの味方に立つのが正しいのでしょうか？　どちらの味方に立ったところで、いずれもおかしくなりはしませんか？　カモシカの味方に立てば虎は餌がなくなって餓死してしまうかもしれないし、虎の立場になればカモシカの命はなくなってしまうし――。矛盾だらけの、何かとてもやりにくい問題を出されたようでしょう。

虎の場合にも、いろいろ事情はあるに違いありません。虎は子供を産んだばかりで、体力も消耗しきっていて、弱った体で餌を獲りにいってもなかなか捕まえられない。獲れないとすると、かなり飢えて、生まれたばかりの子供といっしょに死んでしまうかもしれないのです。そのように見ていくと、悲しいでしょう。悲しいけど、今度は悲しいからと言って虎の味方に立てば、カモシカは死ぬはめになる。カモシカの味方になれば、虎の親子は死んでしまうのです。

こういうふうな感情を持つと、心にはやはり波が起こってくるのです。だから、そういうものはぜんぶ抜きにして、ただ生命と見る。すべては生命です。人間だからというのではなく、動物だからというのでもなく、ただ単に生命あるのみ。その生命がいろいろとやっていることはすべてお構いなし。そういうことに動かされるような感情をつくらない。

虎がカモシカを獲ろうがカモシカが逃げようが、別にそうしたことに感情を持たない。人が悪いことをしているといって怒ったりしないで、

「まあ、生命ですから、人間ですから、そういうこともあるでしょう」

と落ち着いて考える。

家族のなかで子供が暴力をふるうのだとしても、別にそれでイライラしたり、悩んだりせず、

「元気な子供ですから、そんなこともあるでしょう」

と澄ましていればいいのです。「母親がどんなに心配しても、叱っても、子供にはそんなことは分からないのだ」と捨てておけばいいのです。それを、

「私が何とかしなくちゃ」

と勘違いして、

「この子はほんとに悪い子なんです」

「学校で悪い仲間に入って、こんなふうになってしまったんです」

とあちこち訴えたりしたところで、どうしようもないのです。とにかく、まずは落ち着くことです。

世の中なんてそんなものなのです。いいことも悪いことも起こるし、平和もあって戦争もある――。すべて生命としてだけ見る。これを〝ウペッカー〟、つまり平等の心と言うのです。


あなたの愛は慈・悲・喜・捨に基づいていますか？

この心を育てていくと、愛情の波も抜苦の波もなくなって、非常に幅広い、安らかな心が生まれ

てくるのです。ここまで修行できると、人間はかなり幸福になります。静かな幸福とでも言えばいいのか、これも本当の愛なのです。

仏教では、

「一般の宗教で強調する〝愛〟を鵜呑みにしたら危険である」

と警鐘を鳴らすのです。〝愛〟を育てるというなら、ここまで紹介した四つの感情、慈・悲・喜・捨を育てるべきです。曖昧な愛という言葉に捉われないことです。

「母が子供に対して抱く愛は、本当に正しいかどうか分からない」というところが真実なのです。

「この子は私の子だよ、私のものだ」

と思っているなら、それはただの執着・欲望に過ぎません。そういう感情で繋がった親子関係は、最後には切れてしまうはずです。こじれると、お互いが憎みあう関係にまで行ってしまうのです。

一方で同じ母親が、

「せっかく自分のお腹から産まれてきたのだから、大事に育てて大きくして、社会に返してあげよう」

と自分の単なる義務として、やさしく育て上げると、その子供もまたその恩をずっと憶えていて、

「私は親に大事に育てていただいた。ありがとうございます」

と言って、どんなに歳をとっても、社会人になってからも、自分の親をありがたいと思ってくれる

のです。

親が高慢で、自分の勝手な欲だけで、

「さあ、勉強しなさい」

「もっといい学校へ入らなければ、ダメです」

「いい大学を出て、いい仕事をしなさい」

などと教育ママになって、子供をいじめていく。それは親のほうでは自分の子供のためだとか何とか言っていますけれど、はっきり言ってそれは親の自我であって、執着であって、その子供は被害者なのです。親の奴隷なのです。子供からすればとんでもない迷惑なことで、この世でたまたま人間の世界に生まれてきたら、奴隷になってしまった、という悲しい運命を歩まされることになるのです。

こういう家庭では、家族間にさまざまなトラブルが持ち上がってきます。しかも、こういう家庭の親というのはたいてい、

「うちの子にはこんなにしてあげたのに」

「こんなにやってあげたのに、なぜこの子はこんなに悪くなったのでしょうか？」

などと言って、結局はいろいろな宗教商品を買ってくるハメになるのですが、そんなことでは救われません。

こういう親は親切心がないのです。子供をまるで自分の奴隷のように扱って、自分で飼っているつもりなのです。すべて自分のため、自分の喜びの素、自分の淋しさを解消してくれる何かの道具、自分の希望を実現するための操(あやつ)り人形、くらいにしか思っていないのです。

自分の得になると思うから、どんなことでも聞いてあげるのでしょう。子供は最初、そういう事実に気がつきませんが、やがてすこしずつ大人になっていくうちに、自分が親の奴隷だと分かってきて、ついには反乱を起こすようになるのです。反乱は言わば、子供の精一杯の人間としての存在表明なのです。

学校での先生と生徒の愛も、正しいとは言い難いものがあります。先生だって、自分の自我を張るためにやっている行為は多いのです。教育者だからとか、人望があるからといって、それだけで先生の愛だと決めつけるのはとても危険なことです。

愛という不確かなものに捉われないこと、ただ慈(じ)・悲(ひ)・喜(き)・捨(しゃ)の心を育てるべき、ということを肝に銘じてほしいのです。

本当の愛は与えることしかしない

「愛情といっても、異性間の、男女の愛はどうなのだ」という疑問もあるでしょう。たいていの場合、異性間の愛は欲望であって、奪う世界、取る世界、自分のものにする世界なのです。映画や小説の世界では、男女の愛を美しいもののように描いています。しかし、よく観察してみると、男女の愛も、相手を自分の思いどおりにしたいという欲求が根底にある、自己願望的な関係に過ぎないのです。

それに対して、友情は与える世界です。カルナー＝抜苦は自分が与えることであって、ムディター＝喜びも与えることです。他人の幸福を見て、自分も喜ぶのです。それを見て、周りの人は楽しくなっていくのです。

「ああ、私の幸福は、嫉妬されていないのだ」

とホッとして気持ちよくなるのです。もし本当の愛と言うならば、与えることしかしないはずです。生命の法則では、何かを取ろうとすれば、そうはさせまいとして相手は逃げていってしまうのです。

泥棒がいると分かれば、しっかり鍵を掛けて用心するようなものです。「何か盗られるな」と感じれば、その人から離れていきます。愛情も同じです。私たちが人間から愛情を盗もうとすれば、みんなは心に鍵を掛けて盗まれまいとするのです。「あの人とつき合うと何か盗られてしまう」と、その人を敬遠しはじめるのです。

しかし、同じ友情と言っても、「自分が淋しいから友人をつくろう」ということになると、これはどんなに一所懸命努力しても成功しません。みんな逃げていってしまう。自分の寂しさを埋めるためにやっているというエゴの感情は相手にもすぐ伝わるから、相手は喜びもしなければ、心を開こうともしません。与えることこそが幸福の条件であって、「貰おう、奪おう、自分の思い通りにしよう」という行動は不幸しか齎さないのです。

幸福へのもっとも確実な近道

慈・悲・喜・捨とは心のエネルギーです。〈心とは生命を構成している基本的なエネルギーなのだ〉と憶えておいてください。どんな生命も等しく「幸福に生きていたい」というエネルギーを持っています。そのエネルギーが生命を維持しているのです。逆に言えば、〈「死にたくない」というエネルギーがあらゆる生命の基本的な燃料である〉と解釈してもいいでしょう。その「死にたくない」というエネルギーがあるからこそ、私たち生命体は辛いときでも苦しいときでも、頑張れるのです。

また、このエネルギーを放出すると、他の生命にある心の波動と共鳴する仕組みになっているのです。

「私はこのように生きたい」

と思うと、他に人が来て、

「私もそのように生きたい」

とまるで仲間を見つけたように近づいてくるのです。お互いが幸せを喜び合って、楽しくなって、

「あ、ここにも仲間がいた、一人じゃなかったんだ」

という思いで、友情が育まれるのです。別に何をしてくれたわけでもないのに、気持ちだけで十分繋がりが出てくるのです。これは心のなかに自然に持っている自分の波動とその人の波動がちょうどよく共鳴するのです。しかも共鳴すると、このエネルギーはお互いの波動を強くするシステムになっています。波動が強くなれば、そこからさらに幸福が生まれるのです。

皆さんもぜひ、限りなく人々に慈・悲・喜・捨の心を興してください。そういう人は亡くなっても梵天に生まれ変わるのです。梵天とは、ヒンドゥー教では創造神とされている神です。

「慈・悲・喜・捨の心さえあれば、あなたは神、あるいは神以上の存在です」

とも説かれています。仏教における神＝梵天とは、他宗教の神のような絶対的存在ではなく、感覚的な刺激に依存することなく、清らかな精神状態で生きる高度な生命次元です。ここでは簡単に、「とてつもなく素晴らしい世界に行ける」というふうに解釈してください。

慈・悲・喜・捨の瞑想を実践すれば、素晴らしい精神的な力がつきます。一週間だけでも真剣に実践してみれば、それだけで自分の人生が幸福な方向へと変化し始めていることが分かります。

これこそが、人生を幸福へと導くもっとも確実な近道なのです。

V 「慈・悲・喜・捨」の瞑想をやってみる

まずは自分の幸せを願う

〈慈・悲・喜・捨の心は、この世で人間が幸せに生きていくためにもっとも重要かつ不可欠な四つの感情だ〉という真理を見てきました。実践となるとまた別で、日常生活のなかではなかなか心は成長してくれないものです。

そこで、慈・悲・喜・捨の心を育てる目的で体系化された〝慈・悲・喜・捨の瞑想〟が必要になってくるわけです。ここではごく一般的にだれでもすぐ実践できる〝慈・悲・喜・捨の瞑想〟のやり方を説明しておきます。

慈・悲・喜・捨の瞑想では、自分の心のなかが慈・悲・喜・捨の思いで満たされるように、いつでもどこでもただ一心に念じるのです。ただ念じているだけで、心は変化していくのです。従って、念じやすいように言葉をあらかじめ自分で決めておくといいでしょう。

最初は、自分に慈しみの心をつくるところからはじまります。

「私は幸せでありますように」

と自分の幸せをまず念じるのです。人はだれでも自分の幸せを一番に望んでいるものですから、正直に自分の幸せを願うのです。「自分が幸せであるように」と念じるのですが、ここに理屈を持ってきてはいけません。

「そんなことを念じたって、幸せになれるはずがない」

といった理屈が入りますと、一生苦しみを背負い込むことになります。自分の幸福を望むのは決して悪いことではありませんから、とにかく、

「私は幸せでありますように」

と念じるのです。

「私は幸せでありますように」

という言葉が実感としてイメージできない、という人もままいるようですので、そういう人は自分が納得できるべつの言葉で構いません。たとえば、自分の気になっている悪いところ、自分の身体が弱くて気になっているのだったら、

「私の身体は健康になりますように」

としてもいいでしょうし、何でもかんでもすぐカッとなって怒りっぽい人は、

「私の怒りがおさめられますように」

と念じてもいいでしょう。みんなから好かれなかったり、愛されていないと思い込んでいたりする人がいたなら、

「私は周りの人々に愛されますように」

と念じてもいいのです。

この瞑想はあくまでも個人的な心の育成法ですから、みんなが同じ文言というわけにもいかないと思いますが、

「私は幸せでありますように」

という文言がべつに違和感もなく受け入れられる人は、この言葉が皆さんいっしょに行う瞑想の共通の言葉となっていますから、一応それに従えばいいのではないでしょうか？

重要なことは、あくまでもその言葉を理屈として捉えないことです。「ただ単にその言葉を念じるたびに、自分が確実に清々しい心に、浄らかな心になっていくのだ、この言葉を念じるたびに自分がどんどん良く変わっていくのだ」という信念を持つことです。良くなっていくのなら理屈などいらないわけですから、

「私の健康状態がよくなりますように」

と念じるたびに、自分の健康状態はどんどん良くなっているんだ、と信念を持つことは大切なこと

です。

心の不思議なところは、清らかな気持ちで純粋に念じれば、必ずそのとおりに自分が変わっていく、変身のエネルギーがある、ということです。

ちょっと専門的になって難しくなるかもしれませんが、説明を加えれば、この瞑想はいわゆる〈サマタ瞑想〉のひとつであり、心を一つに統一しようとする方法なのです。ですから、自分の心のなかが慈・悲・喜・捨の思いに溢れるよう、いつでもどこでもその思いを心に念じることが大切なのです。

しかし、危険もあります。念じれば何でもかんでもそのとおりになるかというと、決してそうではありません。危険と言ったのは、その念じる内容が欲望や人を傷つけたりする目的につながると、そこに強い苦しみの心を育てることになってしまうからです。

「金持ちになれますように」

「もっともっと美人になれますように」

「あの人を失墜させて、私が社長になれますように」

などといった思いは、単なる自分の欲望をかなえるだけの願いですから、心は優しくなるどころか、悪念を育てる結果になってしまうのです。

そうではなくて、「自分がより優しい人間になれますように」という願いを根底に、より具体的に自分の幸せを念じることが基本です。人間関係を念ずる場合にも、自分のほうから「何もトラブルが起きないように」というふうに念じればいいのです。

次に親しい生命の幸せを願う

慈・悲・喜・捨の瞑想の二番目は、自分と親しい人々・生命に向けて瞑想を行います。

自分と親しい人々・生命、と言っただけではピンとこない人も多いかもしれませんが、もし「自分には、心から幸せを願ってあげられる人間などひとりもいない、最低ペットくらいでもいない」という人がいたとしたら、それは最悪の人生と言うべきです。だれでも何人かは、真剣にその人の幸せを祈らずにいられない他者が必ず存在するはずです。

自分の子供、自分の両親、夫や妻、あるいは兄弟、さらには親友や人生の恩師など、それぞれが自分のこれまで生きてきたプロセスにおいて、有形無形にお世話になってきたでしょう。そういう人々があなたを助け、指導し、頼ってくれたからこそ、いまのあなたが存在するのだし、幸福なあなたがあったのでしょう。

そういう人々を、できれば私の母とか、父とか、私のお兄さん、妹、だれだれちゃんとか何々さんというふうに、顔などを具体的に思い浮かべ、感謝の心とともに、

「この方が幸せでありますように」

と念じるのです。ふつうは、

「私の親しい生命が幸せでありますように」

という文言で念じることにしていますが、より具体的に念じたいという人がいるのならば、

「私の母が幸せでありますように」

「私の夫が幸せでありますように」

などと念じても一向に差し支えありません。


最後には、生きとし生けるものが幸せでありますように

慈・悲・喜・捨の瞑想の三番目は、

「生きとし生けるものが幸せでありますように」

と、「すべての生命が幸福で、平和で、優しくありますように」という思いを込めて念じるのです。

そういう気持ちになれば、怒りの心などでてくるはずもありません。みんな優しい、お互いが心配し合う、お互いが共存している生命体だという意識が自然な形で芽生え、私たちに〝敵〟という概念はなくなるでしょう。

しかも、これは生命の基本的なエネルギーなのです。私たちが毎日を生きていていちばん活性化している瞬間というか、もっとも充実感を味わっている場面を振り返ってみると、何か人のために

やってあげたときとか、人を大事にしたとき、人のことを心配するときなのです。そういうときに、猛烈なエネルギーが自分のなかから湧き上がってくるのです。生きるための強い力、人生の充足を感じるのです。

一人暮らしの人が犬や猫などのペットを飼っていますが、あれもこうした生きるためのエネルギーを実感したいがための行為、と言えるでしょう。本来はペットを飼うという行為そのものは、人間の非常に勝手なわがまま、と言っても過言ではない振る舞いですが、それはともかく、ペットを飼っている人は、どんなに仕事が忙しかったり、外出をいかに楽しんでいたりしても、家にペットが待っていると分かっていると、そのペットを大事に育てたいという気持ちから、一目散に家に帰ってきて、ちゃんと餌を上げるし、お風呂にだって入れてあげる。

そうやってペットに対していろいろ世話を焼くことは、言ってみれば人間側のわがまま、好きでやっている行為にすぎません。それでも、当人にとっては生き甲斐と満足感を与えてくれる、生きている目的の一部を果たしてくれる営みなのです。

いずれにせよ、人間は生命の基本的なエネルギーを心に溜めたとき、深い幸福感を味わえるのです。そうしたエネルギーをたくさん溜められるように――たくさん溜めれば、それだけ心もまた清らかに成長します――仏教では慈・悲・喜・捨の瞑想を実践することを広く推奨しているのです。

慈・悲・喜・捨の瞑想のやり方

さて、慈・悲・喜・捨の瞑想の、実際の方法を説明します。

まず、静かな場所を選び、目を閉じて座ります。座り方は、正座でも、坐禅の結跏趺坐（けっかふざ）でも、あるいは胡座（あぐら）でも構いませんが、背筋と頭だけはまっすぐにしてください。文言は口に出して言ってもかまいませんし、口に出すことが憚（はばか）られる人は心のなかで念じても結構です。

まずは、自分への慈・悲・喜・捨の瞑想です。

「**私は幸せでありますように**（慈の瞑想）
私の悩み苦しみがなくなりますように（悲の瞑想）
私の願いごとがかなえられますように（喜の瞑想）
私に無執着の智慧が現れますように（捨の瞑想）」

と念じたあとに、続けて、

「**私は幸せでありますように。私は幸せでありますように。私は幸せでありますように**」

と、三度ばかり繰り返したあと、その言葉を心のなかで、ゆっくりと何度も繰り返して念じます。

次は親しい人への慈・悲・喜・捨の瞑想の実践です。

「**私の親しい生命が幸せでありますように**（慈の瞑想）
私の親しい生命の悩み苦しみがなくなりますように（悲の瞑想）

私の親しい生命の願いごとがかなえられますように（喜の瞑想）
私の親しい生命に無執着の智慧が現れますように（捨の瞑想）」

そのあとに、続けて、

「私の親しい生命が幸せでありますように。私の親しい生命が幸せでありますように。私の親しい生命が幸せでありますように」

と三度繰り返し、その言葉を心のなかで、ゆっくりと何度も繰り返して念じます。

それから最後が、生きとし生けるものへの慈・悲・喜・捨の瞑想です。

「生きとし生けるものが幸せでありますように（慈の瞑想）
生きとし生けるものの悩み苦しみがなくなりますように（悲の瞑想）
生きとし生けるものの願いごとがかなえられますように（喜の瞑想）
生きとし生けるものに無執着の智慧が現れますように（捨の瞑想）」

そのあとに、続けて、

「生きとし生けるものが幸せでありますように。生きとし生けるものが幸せでありますように。生きとし生けるものが幸せでありますように」

と三度ばかり繰り返したあと、その言葉を心のなかで、ゆっくりと何度も繰り返して念じます。

もう一度確認をして復習しておきましょう。

（1）友情をいちばん大切にしているのなら、**慈の心**から育てはじめましょう。
（2）苦しんでいる人を放っておけないなら、**悲の心**を最初に育てることです。
（3）みんなで喜んで生きたいと願うなら、**喜の心**を育ててみてください。
（4）歳をとって人生経験も豊かになり、ある程度の知恵も備わって、どんな問題の前でも沈着冷静な判断の下せる人なら、**捨の心**を育てることからはじめるといいでしょう。

分かりやすいように四つに分けて説明しましたが、育てなければならない感情は四つあるのです。どこからはじめても、もちろんぜんぶいっしょに実践しても――グループで皆さんご一緒にやられるときは、それが一番いいようです――一向に構いません。

実践する時間は、朝起きてすぐにでもいいでしょうし、夜すべての仕事をやりおえてから、就寝前の一時をそれに当ててもいいでしょう。

また、何となく心が苛立ったり、落ち着かなかったりするときなどは、たとえ仕事中であっても、そっと心のなかでこの慈しみの瞑想を念じると、それだけで心はやさしさに包まれるはずです。

自分の幸せはこの四つの心を育てることによってはじめて実現するのだ、という強い信念を持って、すべての生命のためにも実践をつづけてください。実践をつづけることによって、心の幸せを実感し、素晴らしい未来が開かれることでしょう。

2 ヴィパッサナー瞑想

Ⅰ　瞑想で自然の法則から抜け出す

仏教で説かれていることは自分で確かめられる

仏教のもっとも顕著な特色を挙げるとすれば、

「お釈迦さまの教えは、実践すれば即座に結果が得られるのだ」

という点でしょう。一般の方々には、仏教に対する誤解を解くためにも、まずお釈迦さまの教えを試してみることをお勧めしたいのです。仏教は大変科学的な教えです。科学とは、きちんと結果が出るということ。つまり、私たちが自分で、話の内容が本当か嘘か確かめられる、ということです。

たとえば、物体を空に飛ばせるということは、ちゃんと飛行機や宇宙船などが飛ぶのを見て確かめられます。お医者さんに勧められた薬も、その薬を飲んでみて、病気が治ってはじめてお医者さんの診断が正しかったことが分かるのです。こういうふうに、科学は一連の因果関係が自分できちんと確かめられますから、私たち現代人は科学のことを疑いもなく信じています。

　科学といえば、かつて科学という言葉だけでそのすべてを信じ込んでいた時代がありました。科学万能という時代から時を経て、いまではかつてほど何でもかんでも完璧に科学を信じ込んでいるわけではありません。でもかつてのそれも、人間が勝手に完璧に信じ込んでいたのであって、科学それ自体が「自分たちがすべてにおいて万能なのだから完璧に信じ込め」と言っていたわけではなかったのです。

　そういう意味で、「仏教も大変科学的で、結果がきちんと確かめられますよ」と言っているのです。仏教が科学的な宗教であることは、次の例を待つまでもなく、他の宗教と比べてみるとよく分かります。

「この教えを信じていれば天国に生まれ変わる」と教えている宗教がありますが、それが本当かどうか、どうやって確かめられるのでしょうか？　死んだ後にどうなるのかを確かめるためには、まず自分が死んでみるしか方法がありません。ということは、死んだ後に天国に行けることを確実に自分で確かめるには、死ぬしか方法はありません。

　それから、またある種の宗教では、その宗教の教祖なりが、自分には特殊な能力があって、特別な啓示を受けたり、霊界にいる人たちと自由にしゃべったりしている、と言ったりしています。あなたの過去世にはこういうことがありましたなどと、大層なことを言っている人々がいます。でも、その言葉の内容が本当か嘘か、確かめることはだれにもできません。

仏教ではそういうことはまったくありません。きちんと自分で確かめられます。確かめることが難しい話はしゃべらない方がいい、とされています。仏教でも、神通と呼ばれる超自然的で超越した智慧の話は確かにあります。しかし、その超越した智慧で得られた知識や能力のことは一般の人に話してはいけないと、戒められています。

だから仏教では、超自然的なことを知っている人でも、それについて語らないで黙っています。べつにケチだから秘密にしているわけではありません。相手のことを考えて、むやみに相手を混乱させることは言わない方がいい、という考え方です。ふつうの人には超自然的な智慧を確かめる能力がないのですから。

超自然的な話を聞いても、その話が本当かどうか、自分で確かめることはできません。相手の話を信じるしかないのです。そうやって人を煙に巻くようなことはしてはいけない、ということです。

もし皆さんに私が、

「私はしょっちゅう超次元の霊としゃべっています」

と言ったら、皆さんはどういう態度でその話を聞くのでしょうか？　何でもかんでもやみくもに信じ込むような精神的に弱い人だったら、「ああ、すごいすごい」と思って信じるかもしれませんし、疑い深い人は、「この人は何を言っているんだ、バカバカしい」とそっぽを向くかもしれません。皆さんはただ言われたことをそのまま信じるか、まったく信じないで帰ってしまうか、そのどちらかしかできないのです。

そういうわけで仏教では、「人に確かめられない話をしてはいけない、きちんとだれにでも確かめられることをしゃべるべきだ」と言っているのです。もし皆さんがご自分で超越した智慧を得たとしても、それは自分だけが納得すればいいのであって、他の人に言いふらして歩いてはいけません。そういう理性的な判断のしかたが、仏教の大きな特色の一つです。

ですから仏教では、もしお釈迦さまの教えが間違っていると思うならば、自分でどこがどう間違っているかを考えて、きちんと自分の意見を述べることができます。そうやってちゃんと反論する自由を与えた上で、お釈迦さまはお話をされているのです。

仏教が持つこの〈自由〉は、とても現代的で、すばらしい特色だと思います。

心を強くすれば正しく瞑想できる

一般的に、宗教は自由ではありません。たとえば、英語で宗教をあらわす religion という言葉は、もともと「束縛」を意味します。そこには、神に束縛される、神と結びつくことで救済される、という基本的な考え方があるのです。神、あるいは何か超越した存在に救われなさい。これはごく一般的な宗教の主張です。何かにとことんすがって、「救ってください、助けてください」と頼むのは、自分が弱くて自分の足ではとても立てないからです。

一方、仏教では救いを求める人をなにかで束縛することはしません。仏教では、〈人は束縛を解き放って自由になるべきだ〉という態度をとります。ところが人間は、「自由にしろ」と言われても、どうしたらいいか分からなくなってしまうのです。私たち人間は弱い存在です。なかなか自分の足で立てないのです。自由になれないのです。

そこでお釈迦さまは、人間が自分の足で立てるようになるために、人の心が独立して自由になるために、いろいろな方法を教えているのです。苦しくて藁にでもすがりたいと思っている弱い心の人を、自分の足できちんと立てる強い心を持つ人に成長させようと励ましているのです。

お釈迦さまのガイドによって、初めて人は自立できます。強い心になったのだから、自分の足で立てるのです。そうなってはじめて人は、自分の力で真理を発見することができるようになっていくのです。

正しく瞑想をするならば、きちんと結果が得られます。「瞑想は難しいのではないか、足が痛くなるのではないか」といった弱気でネガティブな気持ちになって尻込みするのはもったいないことです。「とにかく自分で確かめてみよう、試してみよう」というポジティブな気持ちが、仏教を理解するために欠かせないのです。

「子育てが終わったらゴミ箱行き」は自然の法則

ところで、私たちの生きる目的はいったい何だと思いますか？「何のために生きているのか」と質問すると、たいてい、「子供のために生きています」「仕事が生きがいです」「家族のために生きています」などという答えが返ってきます。でもそんなことは、結局のところつまらないことではないでしょうか？　昔から一般にごくふつうの人々は、家族のためとか、子供のためとかいうつまらない目的を生きる支えにしてがんばっています。

でも、そういう目的はあまりにも小さくて、人間にとって本当の生きる目的にはなり得ないのです。

たとえ子供のために生きていたとしても、子供は自分のものではないのですから、いずれ独立していきます。子供が大きくなってしまえば、子供が成功しても出て行ってしまうから悲しいし、成功せずに失敗すればよけいに悲しくて悔しいし、結局いつも悲しくて泣くような結果になります。最後は悩みに終わるのです。子供や家族のためとがんばって生きても、結局最終的にぜんぶ、悩むこと、困ること、心配することで終わってしまいます。

考えてみると、「たいていの人間は大したことをやっていないのではないか」と私はよく思うのです。

動物を観察すると、ただ子供を産んで育てる、ということだけのために必死で生きています。子孫をつくることを最大の目的にしている。では、子孫をつくることは、それほど大変なすばらしい生きる目的になるのでしょうか？　よく考えると、命をかけてつくられた子孫は、また子供をつくることだけを目的にして必死で生きている。その繰り返しでしょう。

特に下等生物とされる魚や昆虫などは、卵を産んだらそれで死んでしまいます。卵を産んだら、自分の生きる意味がなくなったのです。悲しくありませんか。その卵が孵化して無事に魚になったとしても、その魚は何とか食べて、食べて生き残って、また卵を産んで死ぬ。ただ「子供をつくれ、子孫をつくれ、それが終わったらあなたには用がない、あっち行け」とゴミ箱に捨てられてしまう。子供をつくり終えたらゴミ箱にポイ捨てです。でも、そうやって必死で残した子供が何かすごいことをするならばまだいいけれども、結局その子供もまた自分の子供をつくるだけで、それが終わったらゴミ箱にポイ。

私はそれが納得できません。「私たちは何だかだまされているのではないかなあ」という気がしてなりません。

「人間と動物は違う」と言うかもしれませんが、同じです。私たち人間が生きる術(すべ)はさまざまです。建物をつくる人、コンピューターをつくる人、飛行機をつくる人などまったく違うようですが、結局それは生きるための仕事という意味では同じです。ただ生きるためにいろいろとしているわけで、その点では動物と似ています。

動物も生きるために、動物なりにいろいろなことをします。私たち人間も、子供をつくって、子供に食べさせるために一所懸命にいろいろなことをして、子供が大きくなったら用済みになってしまいます。子供が巣立ったら、生きる目的がなくなってしまう。すると、どんどん弱くなって、死に近づいていく。

たとえば、女性のからだも、子供を産むまではとても元気なのに、子供を産むとあちこちガタが来て、その後はずっと苦しい身体の状態が死ぬまでつづきます。

自然のシステムは非常に残酷です。人間社会の常識で考えると、立派な子供を産み育てたのですから、本当はご褒美をもらわなければいけないところかもしれません。でも、「あなたは子供をつくったから、これから元気で明るく夫婦で生きていきなさい」というふうなご褒美はぜんぜんもらえない。逆に、「子供をつくって育てたら、ゴミ箱に行きなさい」と言われてしまいます。ご褒美をもらえるどころか、逆に罰を与えられてしまいます。

「これはいったい何たることか」と考えてほしいものです。

男性の場合を言いますと、子供が産まれて、「あなたの子供よ」と奥さんに言われて、「ああ、そう言われればそうだろうなあ」と思うだけなのがほとんどです。本当に自分の子供だという実感があるのは、ほぼ女性だけです。でも、「あなたの子供だ」と言われたら、「自分の子供だ」と思って、だっこしたり、お風呂に入れてあげたりなど、いろいろなことをして喜ぶ。「我が子だ、我が子だ」

と大事にする。

子供も、「お父さん、お父さん」と言いながら大人になる。大人になって、一人前になってから、育ててくれたお父さんに対してどうするかというと、ことあるごとに反発して、本気で蹴っ飛ばすくらいに恩など忘れてしまいます。

父親と息子の場合にはいつでもそういう親離れがあります。親はいらない。でも、お父さんたちはそれを嫌っているわけではないので、「我が子も偉くなったものだ」といって喜んでいますが、結局はお父さんはゴミ箱行き、ということです。「お父さんに代わって、息子ががんばる時期がきた」と言われてしまいます。

でも、息子が何のためにがんばるかというと、結局また新しい子供をつくるためなのです。

人間は子供の面倒を見ているあいだだけ元気です。我が子はもちろんのこと、他人の子供であっても、子供の面倒を見るときは、自分は寝なくても食べなくても、疲れることもなく一所懸命がんばります。それが自然の仕組みというものです。ただ小さい生命を一人前にすることだけが人間の仕事で、その仕事をするときだけがんばって元気で、その仕事が終わったら「用はない、あっち行け、ゴミ箱に行け」というのが自然の理（ことわり）、自然の法則です。

瞑想で自然のシステムから抜け出す

人間社会の常識では、いいことをすれば報奨があります。でも、自然界にはご褒美は何もありません。たとえば、日本でも社会に貢献した人々には勲章をあげます。勲章をもらうのは死にかかっているような頃かもしれませんが、とにかく人間社会には報奨があります。

でも、自然界には人間社会のような道徳はありません。自然というシステムは弱肉強食の世界です。私たちがいくら平等論者といっても、宗教でいくら愛のことを話しても、慈悲のことを話しても、存在は弱肉強食です。弱肉強食とは、「弱いものは殺せ、強いものだけが生き残れ」ということです。

では、「強いものが生き残ってどうしろというのか」というと、「子孫をつくれ」というのです。「子孫をつくったら用済みだ」「弱くなったから、あなたの命は奪います」というシステムなのです。その弱肉強食の自然界の中で、私たち人間は強者です。

だから、人間はたくさんの地球の生命を壊したり殺したりする。人間の利己的な行為で、地球環境を壊しつづけています。それが自然の理、自然のシステムになっているのです。だから、人間だけが悪いとは言えません。おのずとそうなっているのです。

人間は強者だから、他の動物や環境を片っ端から壊して破壊して生きていく。川を汚しているのも、べつに川を汚してみたくて仕方なくて川を汚しているわけではありません。海を汚したくて汚したくて、わくわくして海を汚しているわけではないのです。ただ、食べるために、生きるために、いろいろなことをやっている、という大義名分で周りを破壊してしまう。「力があるからいっぱい食べよう、いろいろなものを利用しよう」という自然の法則に従っているだけです。そうしていると、自然と川も空気もぜんぶ汚れて、多くの動物が生きられない状態になってしまう。それはすべて、自然の法則なのです。

しかしここで、私たち人間はこのような自然界の弱肉強食のシステムに従う生き方でいいのかどうか、真剣に考えてみる必要があります。

瞑想の実践は、自然のシステムとはまったく違うシステムの中で生きようとする立場です。

神々の世界も楽じゃない

それから、証拠が出せない話で申しわけないのですが、仏教の神々について少し話をします。仏教にも神々の物語がたくさんあります。人間より数段優れている次元に、神々という存在が生きているそうです。神々にもまた、たくさんの次元があるそうです。大ざっぱに九つの次元が説かれていますが、実際は広大無辺で、膨大な世界なのです。お釈迦さまご自身が神々のことを説明する場合もありますが、後世に書かれた経典の注釈書などにはより詳しい説明が嫌というほど書かれています。

一般に人間は、死んだら天国に行きたいという希望を持っています。「この世で生きるのは大変で苦しいから、徳を積んでお祈りでもして、死んだら天国へ行きたい」というのです。「天国はすばらしい世界で、楽で幸福だ」というのです。キリスト教、イスラム教、ユダヤ教などのすべての宗教が天国を理想のように考えています。ヒンドゥー教でも「天国は楽ばかり」と教えています。日本の仏教でもやはり、天国というか、「極楽浄土はすばらしい世界だ」と言っています。

そしてよく聞く作り話は、天国では何でも願いごとがかなう、という話です。特別な木だとか、特別な宝石だとかがあって、それに頼めば何でも願いごとがかなう、というのです。

その話を私たち人間が聞くと、とても気分がよくなってきます。たとえば、ヒンドゥー教の話では、天国に特別な壺があって、その壺に願いごとをすると何でも願いがかなう、といいます。もしも「十万円欲しいなあ」と思って壺に頼むと、すぐその壺から十万円がでてくる。「おいしいケーキが食べたい、イチゴのショートケーキがいいです」と頼むと、すぐに壺から自分の思うようなケーキがでてくる。そういう壺の話があります。

人間にとっては面白くて気分がいい話だと思いますが、仏典によれば、本当のところは、天国はぜんぜん面白くない世界だそうです。それどころか、天国も我々の人間世界と同じく、とても不自由な世界だと言うのです。

人間の場合、身体も心も自由ではありません。神々という存在は、身体が私たちのように三次元の物質で出来ていないのです。理解しやすいようにここでは、素粒子レベルの身体であるとしておきましょう。身体が素粒子レベルならば、維持管理に苦労する必要はほとんどなく、何劫年も生きることが出来るのです。神々の場合は、心が優先的に力を持っています。だから、心の状況がもし変わってしまったら、神々として生きることも出来なくなるのです。

我々人間の気持ちは秒単位で変わってしまいますが、心が変わっても身体には感じられるほどの影響はありません。それに対して、神々にとっては一定の気持ちを保つことが生存に欠かせない仕事になるのです。人間は何をやっても呼吸だけは欠かさず一定に行っています。その人間に向かって、「気持ちを一定の状態に保ちなさい」と命じても、実行はとうてい無理でしょう。硬い身体を持つ人間の気持ちが変化しても、身体にはそれほどの影響はありません。その代わり、硬い身体の寿命は長くても百年程度です。素粒子レベルの身体を持つ神々の寿命は、いちばん下の次元であっても人間の百年を一日にして計算することになります。神々の年齢で、百年から千年くらい寿命があるのです。

これは大まかな説明で、神々の寿命に関する次元別の説明はアビダンマ（論）のテキストなどに詳しく書かれています。経典に説明のある、一種類の神々について説明します。長い寿命を持つその神々は、幸福に生きているのです。そこで、自分の仲間のあいだに、とても美しい一人の神が生まれてきます。突然あらわれたこの新しい神の魅力的な姿を見たところで、ひとりの神の心に、

「この神は私よりも遥かに美しい」

という嫉妬の感情が起こります。

そうやって気持ちが変わった瞬間、嫉妬した神は亡くなって消えるのです。その次元の神々にとっては、嫉妬心が猛毒として働くのです。他には、怒りが猛毒として働く神々もいるそうです。そういうわけで、神々にとっては、一定の気持ちを保つことが命に関わる作業になります。神々の心は人間のレベルより遥かに高い次元ですが、そんなにありがたいと言えるものでもないのです。

私は、神々には思考の自由がないと思います。「かなり制限された条件のなかで生きている生命体ではないか」と思います。正しく生きるならば、人間の次元はそれほど悪くないのです。悟ることも、解脱に達することも、人間にはできます。もし一人の神が悟りたいと思うならば、人間界に生まれるしか方法はありません。

そういうわけで、残念ながら、天国とはそんなに面白いところでもなさそうです。人間は、自分の身体が不自由だから身体の自由に憧れているのです。それで「天国に行きたいなあ」と夢想します。でももしかすると、せっせと功徳を積んで天国に生まれてみたところで、「何だ、こんなところか、べつに大したことはなかった」と失望するかもしれません。

天国に関する話は証拠を出せないことなので、あまり真剣に考えたり気にしたりする必要はないのです。ここであえて私が神々の話をしたのは、神々の世界でも弱肉強食とまでは行かなくても、存在の強弱というものが歴然としてある、という話がしたかったからです。

こんなエピソードもあります。お釈迦さまの時代、ときには神々もブッダの教えを聞くために、説法の場に来ていたそうです。人間と近いところにいる神々はよく人間のことを知っていますので、ある神が「今日はお釈迦さまの説法がよく聞こえるように、いちばん前の席に座ろう」と思って、いちばん先に来ていたのです。ところが、もっと高次元の強い神が後から来たので、その神はちょっと一歩下がって座を与えました。そこへ後から後から多くの強い神々が来て、その神はどんどん、どんどん後ろへと下がらなければなりませんでした。そして下がって行って、とうとうインドの領域にもいられなくなって、海へはみ出してしまいました。海の中でもどんどん、どんどん後ろへ下がって行って、ほとんどスリランカの所まで来て、やっとお釈迦さまの教えを聞くことができた、ということです。その神は、本当は自分が最初に来ていちばん前にいたのですが、強い神々に席を譲りつづけて、結局最後列でお釈迦さまのお話を聞くはめになった、というお話です。

このエピソードは、経典ではなく注釈書にあります。大昔の話ですから、本当かもしれないし、嘘かもしれない。この話が本当ならば、神々の世界にもやはり歴然と存在の強弱があることになるでしょう。

Ⅱ　心がすべてを作り出す

身体はすべて心によって動いている

では、ここから本題である瞑想の話に入ります。まず、〈私たちはどのようなことでも、自分以外の責任で事を成したのではなく、すべては自分の意志でしている〉という事実を憶えておいてください。私たちの身体は心によって動いています。心がまず何かをしたいと思って、その心の希望によって身体が動きます。

だれかが「この部屋から出て行きたい」と思ったら、その人はこの部屋から出ていきます。この部屋にいたいと思っている人が知らない間に外にいる、ということは決してあり得ません。この部屋にいて話を聞きたいと思っているけれども大事な用があるという人には、「この部屋から出て目的の場所へ行かなければ」という気持ちが生まれる。そうすると、いくらこの部屋に留まって話を聞きたくても、「行かなくては」という気持ちが強くなって、部屋から出ていく。手を上げたいと思ったら手を上げる。目を閉じたいと思ったら目を閉じる。笑いたいと思ったら笑う。つまり、この身体という物体は自分の意志によって動いているのです。

私が手を伸ばしているならば、私が手を伸ばしたいから伸ばしているのであって、伸ばしたくないと思うなら手は伸びません。私が手を伸ばしたくないのに、だれかが強引に私の手を伸ばそうとすると、私は逆らいます。私が逆らうと、私の手には強い力が入ります。ちょっとやそっとでは伸ばせません。ふつうはぜんぜん力が入っていないのに、意志によって強い力が腕に入ってしまう。だれかが無理に伸ばそうとすると、かなり強引に、力ずくで無理矢理に伸ばさなければ伸びません。

そんなことをされたら、私は痛くて痛くて仕方がありません。そして、

「痛いじゃないか、何をするんだ」

などと言って抵抗します。ふつう自分で手を伸ばすと痛みを感じますか？　ぜんぜん痛くありません。でも、他人が強引に手を伸ばそうとすると、痛い。なぜそんなに痛いかというと、自分が伸ばしたくないからです。自分の心に逆らうことを強引にされると、痛いのです。自分で伸ばしたい場合はぜんぜん痛くも何ともない。

私たちの身体はすべて心によって動いていることを、しっかりと憶えておいてください。私たちが目を閉じることも、寝ることも、すべて自分の意志でやっているのです。

もしも皆さんが、

「こんな話は難しくて分からない」

と心で決めてしまったら、私の本をいくら読んでも、何にも理解できなくなってしまいます。どれだけ明確に説明されても、理解できなくなってしまうのです。

それは、心が鍵をかけてしまった状態だからです。

反対に、

「このお坊さんがどんな難しそうな話をしても、しょせんは人間の言っていることだから、自分にだって理解できるだろう」

と思って聞けば、どんな難しい話でも十分理解できます。

「二時間もじっと座っていることなど、とても無理だ」と思ったら、三〇分も経たないうちから身体が痛くなってくる。とても座っていられなくなってしまう。

自分の状態は、自分の心が作り出しているのです。

自分の問題はすべて自分の心が作り出している

そこで皆さん、自分の問題（トラブル）はだれがつくっているのかを理解してください。それは自分がつくっているのです。

もし身体が弱いと思っている人がいるならば、その人の心が自分の身体は弱いと決め込んでいるのです。だから弱いのです。自分はすぐに病気になると思っている人は、本当にすぐに病気になってしまいます。

私はいろいろな病弱な人々を見てきました。その人々を医学的に細胞の構造やＤＮＡの情報から見ると、どこにも欠陥はないのです。つまり、医学的視野から見れば、その人には病気などはありません。それなのに、その人はちょっとしたことで病気になる。ちょっと水を飲んだらおなかの具合が悪くなったり、ちょっと歩いただけでも疲れて倒れそうになったりしまう。

そこで、ビタミン剤などいろいろな薬をたくさん飲みます。でも、「いくら薬を飲んでも、身体が弱い」というのです。身体が弱いといいながら、栄養のあるものばかりたくさん食べて、私の二、三倍は食べています。そして、小柄な私よりも二倍近く身体も大きいのです。それでも、「体力がなくて身体が弱い」という。

どういうことかとよく見ると、やはりそういう人々は心が弱いのです。心が病気なのです。せっかく両親から大事な身体をいただいているのに、それを無駄にしているのではないでしょうか？

すべては心の持ちよう

私のよく知っている人で友だちとも言える人がいます。この人はよく勉強している方で、学問的には優秀な仏教学博士なのですが、ぜんぜん歩けないというか、歩こうとしません。

私よりかなり年下の若い人ですごく体力もあるのに、ちょっと百メートルくらい歩くと、「どうして歩かないといけないんだ」とか、「ひどく疲れた」などと、いろいろ文句を言うのです。「私よりずっと若いのに、少し歩いたくらいでなぜ文句を言うのか」と私のほうこそ文句の一つも言いたいところなのですが、その人のほうが私より偉いので言えません。

私はごくふつうに歩いていると思っているのに、「そんなに速く走らなくてもいいではないか」とまたその人は文句を言います。その人は、「自分は偉いのだから車に乗るのがふつうであって、歩くことはみっともないことだ」と思っているのです。

私は、「人間はだれであれ、同じじゃないか。いつでも車に乗るなどばからしいことだ。歩いた方がかえって格好いい」と思うのですが、その人はそう思わない。だから私は歩くことはまったく苦にならずに元気にできるけれども、その人はぜんぜんできない。

ところが、歩くと疲れるその人が、卓球となるといくらでもやるのです。卓球というのは結構疲れるスポーツなのに、上手で、好きで、やりたいからずっとやっている。卓球のラケットを握ったら、一時間二時間三時間、ずっとやりっぱなしなのです。走って走って汗だくでも、ぜんぜん疲れたと言いません。

その人の相手になっている人は、一人がダウンして負け、次の人がダウンして負け、二、三人は軽く倒されてしまいます。その同じ人が、「ちょっと外を歩きましょう」と言ったら、「疲れた、疲れた」とすぐに言うのです。

あれほど仏教を勉強している偉い博士が、そういう自己から脱け出せないのです。自分を客観的に見ることができないのです。自分がやりたいと思えば力がある、やりたくないからぜんぜん力が出ない、という簡単なことに気づいていないのです。

すべては心の持ちようなのです。ですから、いろいろな悩み苦しみも、すべて心から生み出されていると言えます。家族とうまくいかないとか、仕事がうまくいかないとか、商売がうまくいかないなど、いろいろな悩み苦しみがあるでしょう。

それらは神のたたりでもなければ、亡霊が出て意地悪をするわけでもないし、墓相や家相のせいでも何でもありません。業（ごう）でもありません。自分の思考システムのせいです。自分の心がそういう悩み苦しみを作り出しているのです。だから、そこを治さなくてはいけません。

心を治したら、悩み苦しみも消えます。

仏教の目的は自然のシステムを乗り越えること

また、私たちが動物と同じように子供をつくるという目的だけのために生きていたら、存在の罠にまんまと引っかかってしまいます。歳を取って弱くなって、ゴミ箱に捨てられてしまいます。

仏教では、「この自然のシステムに逆らえ、攻撃しろ、戦え、乗り越えろ、逃げろ」と言っているのです。自然というシステムが、私たちをバカにしているのです。「子孫だけつくればいい、他に何も目的はない」というのです。だから自然はずっと子孫ばかりつくらせてきた。生物はそれだけを目的に生きてきた。「その自然のシステムを乗り越えよう」というのが仏教の教えです。

ですから、私たちは違う目的をつくらないといけない。その違う目的とは何かというと、まずこの自然のシステムを理解することです。「自然というシステムを理解して、その存在を越えることを目的にしましょう」というのです。

それは大変な目的ですし、その目的を果たすにはとても多くの仕事があります。そういう大きな目的がある人というのは、歳をとっても暗くなることはありません。

なぜなら、することがたくさんあって、暗くなる暇がないのです。子供をつくることだけを目的に生きる人々は、子供を育て終わったらすることがなくなって、元気がなくなって、早くゴミ箱へ行ってしまうのです。自然のシステムを越えようという高い目的がある人は、その目的を達成するのは大変だから、ずっとがんばって元気で生きていられます。

瞑想はそういう目的でするのです。だからこの瞑想をすれば、認知症に罹ることはなくなります。この瞑想では、私たちの脳細胞を全体的、総合的に使います。ふつう一般の人は、自分の脳細胞のほとんどを活用していないのですが、この瞑想では、これまで使ったことがない脳細胞まで十分に働かせます。脳の中でいろいろな新しい神経回路をつくるのです。

人間というのは脳が元気で脳細胞が生き生きしていると、身体全体も溌剌として元気になります。この瞑想をすれば、脳が刺激されて元気になって、より高いレベルを目指してチャレンジできるようになるのです。

仏教の瞑想は自己を観察する方法

瞑想のやり方はとても簡単ですが、いちばん大切なのは心の準備です。まず、〈私がここにいる〉ということを知らなければなりません。そこからすべてがはじまっています。私がここにいて、その私がいろいろなことを考えるのです。

「人は死んだらどうなるのか」「世界はああだこうだ」といろいろなことを考えますが、そういうことを考えるのも、結局ここに私がいるからなのです。人間がいろいろ考えたり悩んだりするのも、結局それはすべて〈ここに私がいる〉からこそ生まれる問題なのです。

ある人が大変悩んでいるとします。その人は大変な悩みごとがあると思って苦しんでいます。でも〈大変な悩みごと〉というものがあるのではなくて、〈まず自分がいて、その自分に「たくさんの悩みごとがある」とその人が判断している〉ということです。

〈自分がいる〉ということが、いちばん大事なのです。他の人が同じ話を聞いたら、「そんなことなど悩みではない」と言うかもしれません。

たまに私のところにも、悩みごとを相談に来る人がいます。どうしてか分かりませんが、どうしようもない人ばかりが来るのです。いろいろな所で相談したりがんばったりしても解決できなくて、そこで、「まあ、この外国人のお坊さんにでも聞いてみようか」ということで来るらしいのです。私は一応話を聞いてみます。聞いてみると、やはりこの人はどうしようもない状態になっていることが分かります。私のやり方はどうするかというと、ただその人に怒るだけなのです。

私は「バカバカしい、そんなことが悩みですか」と言ってしまいます。私が言いたいのは、「あなたの言っていることは、本当にそれほど深刻な悩みなのか」ということです。その悩みがいかにバカバカしいかをその人に見せたいのです。「自分のことばかり悩んでいないで、世の中をきちんと見てください」と言いたいのです。

戦争をしている国では、まだ母親に甘えたい年頃の若者が戦場に引っ張られて、十四～十五歳で戦って殺されています。母親は、「自分の息子が三人とも戦争で死んでしまった」と言って泣いているのです。「そういうことを考えたことがあるのですか」と言うのです。

「それほど辛（つら）いあなたの悩みって、具体的にいうと何ですか」と聞くと、「ちょっと上司に気に入られていない」とか、「ダンナさんが怒りっぽい」とか、だいたいそんなものなのです。端からみれば何ともくだらない悩みなのですが、当人は真剣なのです。

やはり、まず〈自分がいる〉ということがあって、その自分がいろいろなことを判断しているのです。その自分の判断によって、ある人が「これは大変な悩みだ」と思うことを、他の人は「バカバカしい、くだらない」と判断する。それらの判断はすべて自分から出ています。

こういう悩みがある、こんなひどい問題がある、貧乏だ、豊かだ、夫が嘘をついた、妻がわがままだ、病気で苦しい、仕事に恵まれないなどと、どんな判断でもすべてこの自分が判断している。

ですから、存在を理解して存在を越えるために何を勉強するのかというと、自分自身を勉強するのです。つまり、自己を観察するのです。この瞑想は自己を観察する方法なのです。自分を観察して、自分を知るのです。

私たちの判断はいい加減

次に、判断ということについて考えてみましょう。結論から言いますと、皆さんには判断しないでもらいたいのです。逆に言えば、判断することをやめてもらいたいのです。

何も判断しないこと。これはちょっと分かりにくいです。また、分かりにくいだけではなくて、とてもやりにくいのです。人間というのは、何でもすぐに判断します。瞬時に判断します。ところが、その判断はたいていいつも間違っているのです。

私が皆さんにバラの花束を見せるとします。見せた瞬間、目に映った瞬間に、皆さんはいろいろな判断をしているのです。「これはバラだ」「きれいだ」「赤い色だ」などとすぐに判断をします。

しかし、それらの判断は正しいのでしょうか？

皆さんに黒い眼鏡ケースをお見せします。見た瞬間に、「眼鏡のケースだ、色は黒い」と判断しているでしょう。その判断は正しい判断ですか。正しいかどうかということも判断のひとつでそれも問題なのですが、ちょっと話のポイントがずれてしまうので止めます。

これは「黒い眼鏡のケースだ」ということが真に正しい判断かどうか、考えてみてください。もしそれが本当に存在の事実であるならば、だれが見てもこれは黒い眼鏡ケースであるはずです。もし事実でないならば、見る者によって変わるのです。

黒い眼鏡ケースを、たとえば犬に見せる。犬はどう判断するでしょうか？　犬にもよりますけど、おもちゃだと思うかもしれないし、まったく無関心でつまらないものだと思うだけかもしれません。あるいは、この眼鏡ケースをちょっと冷蔵庫の後ろとか台所の暗いところに置いておくと、ゴキブリはどう判断するでしょうか？　ゴキブリに見せたら、これはいい家だと思うかもしれません。ゴキブリから見れば、これは家なのです。

黒いという色も、人間には黒に見えますが、視覚が鋭くて人間とは別な色を感じ取る昆虫などは、また違う色に見えるでしょう。

ですから、これは黒い眼鏡ケースだというのは、あくまでも私たち人間の勝手な判断なのです。人間でも、眼鏡を知らない人間はどう判断するでしょうか？　たとえば、赤ちゃんが見たら、すぐに口に入れたりして、おもちゃになってしまいます。

固執するほど正しい判断など存在しない

私たちの判断という基準がいかにいい加減なものであるかが、お分かりになったと思います。私たちは何でもすぐに判断をしていますが、私たちの判断は常にいい加減な基準なのです。私たちはいい加減な判断をして、いい加減な世界に生きています。そして、いい加減な人格をつくり、いい加減な世界観をもっています。だから、人間同士の概念はお互いになかなかかみ合わないのです。

政治的な意見にしても、人生哲学にしても、ぜんぜんかみ合わない。親しい人間同士でも意見は合いません。いくら親しくても、ぴったり意見が合うことはないのです。どうしてでしょう。同じ人間でありながら、夫婦の意見さえも合わない。子供と両親の意見も合わない。先生と生徒たちの意見も合わない。友だち同士でもいろいろ意見が合わない。

それなのに私たちは、判断というものが正しいと思っている。考えてみると、バカバカしくなりませんか。その判断の違い、意見の食い違いが、人間の一切の苦しみ、苦悩を生んでいるのです。

意見が合わない。話が通じない。ある人はウナギがいいと言うと、ある人はカレーの方がいいと言うし、ある人は蕎麦がよくて、他の人はうどんがいいと言う。食べものひとつにしても、まったく意見が合わない。

そして私たちは、自分の判断にガッチリとしがみついています。皆さん、強烈に自分の判断に捉われるでしょう？

自分の心に聞いてみてほしいのですが、かつて大嫌いだと思った人については、その判断が正しいとずっと思っているのではないでしょうか？「あの人が憎い」と判断したら、ずっとその憎いという思いを持ちつづけるし、「あの人はかわいい」と思ったら、ずっとその人をかわいい、かわいいと思いつづけているでしょう。

そのように自分の判断にしがみついていると、いろいろな問題が起こります。

私の経験からみると特に女性に目立つのですが、自分が下した判断に非常に固くしがみついていて、私の意見などまったく聞かないのです。

男性の場合は少し違います。べつに女性が悪いと言っているのではなくて、私は男なので、男性があまり強く自分の判断にしがみついていると、男同士のやり方で、言葉で鉄槌を下すことができるのです。思いきりバカにして貶（けな）してしまうと、やはりバカらしいと気づいて、自分の意見を変えたりします。

女性に対してはそういう手が使えないのです。それでも何とか自分の判断に固執している状態を変えようと努力するのですけど、なかなかうまく行きません。ダンナさんの問題とか、子供の問題とか、いろいろな問題で相談にきますよ。その相談を受けた瞬間に、私は「こんなことは一分で解決できそうだ」と思うのです。ところが、一分どころか、一年、二年つき合っても、その問題はそのままで解決などしません。なぜかというと、本人が自分の意見に固執して、それに取りつかれているのです。

こういう場合にはまず、人間の判断力がいかにバカバカしいものであるかを理解させないとだめです。それを理解したら、それだけで皆さんは悟りの第一関門を通ります。いろいろな悩みごとは消えてなくなるのです。

判断しなければすべてがうまくいく——悟りの第一段階

たとえばだれかが、

「あなたは途方もない大バカでまぬけな人です」

と言ったら、言われた人は怒るのがふつうでしょう。ところが、判断など何もしない人は、「ああなるほど、この人はそう判断しているんだな」と思うだけで終わります。

また、だれかにほめられたら、皆機嫌がよくなって、舞い上がってしまう。でも、判断がバカらしいことを知っている人は、「なるほど、この人は私のことをそう評価しているんだ、そういう判断だ」と、それだけで終わるのです。

こういう人が喧嘩などすると思いますか。自分と意見がかみ合わなくてもぜんぜん怒らないから、喧嘩など起こりようもありません。悩みもないのです。たとえばそういう人に会社の仕事でもやらせたら、何でも上手にこなします。

そのように、判断を乗り越えること、判断をしないことには、素晴らしい力があるのです。それが悟りの一段階です。悟りは四段階に分かれていますが、一段階だけでも越えられたら、必ず解脱できます。もし皆さんが、今日からでも「いっさい判断は措いておく」と決めて実行したならば、それで悟りの一段階を達成したことになるのです。

このように、仏教の悟りというのは現実的なことで、そんなに遠い遠い話ではありません。極楽浄土に生まれ変わるというような話ではありません。そういうたぐいの話は証拠もないので、私には何とも言えません。

「人は誰でも死ぬ」ということは分かっていても、親しい人々と死別すれば誰でも悲しみに陥るのです。人によっては、この悲しみから抜け出すことができない場合もあります。自然災害などに遭遇した人々の悲しみは、相当なものです。極楽浄土、天国などの死後の世界を信仰している方々は、その信仰によって「愛別離苦」を緩和することができるでしょう。

そのことは置いておいて、瞑想で自己を観察するときには、判断をしないように観察するのです。この〈判断をしないということが、本当にとても大切だ〉ということを理解しておいてください。

物質エネルギー――ルーパ

次に、ナーマ（Nāma）とルーパ（Rūpa）というパーリ語の仏教用語について、簡単に説明したいと思います。

仏教では、存在を固定したものとしては見ません。現象として、強烈なエネルギーの流れとして見るのです。何かわけの分からないエネルギーの流れのようなもの、と見るのです。そのエネルギーには二種類あって、ナーマ・ルーパと呼ばれています。漢訳仏教経典では「名色（みょうしき）」と訳されます。ルーパというのは物質的エネルギーの流れです。英語ではマテリアル（Material）です。物質ということです。それに対してナーマは、精神的エネルギーの流れです。英語に訳せばスピリチュアル（Spiritual）です。

皆さんには物質の方が分かりやすいと思うので、まず物質のエネルギーについて少し考えてみたいと思います。

宇宙全体に物質はどのくらいあるのか？　物質は地球にはどのくらいあるのか？　そう聞かれても答えられないでしょう。私たちは物質についてほとんど知らない、と言っても過言ではありません。

ところが、そういう私たちが一般にイメージする物質について、仏教では何も言っていません。そういうものは構成された副次的な物質で、本来の物質ではない、と言うのです。では、本来の物質とは何かというと、四種類のエネルギーの流れだ、と言うのです。

いくらか科学的知識のある方々は、素粒子という概念を聞いたことがあると思います。物質は素粒子レベルのエネルギーでできあがっている、というのです。素粒子はたくさんあるので、仏教ではこの素粒子レベルのことについていろいろ説明しています。

でも、基本的なエネルギーは四つなのです。

一つ目は質量、ものの堅さ・重さをつくるエネルギーです。後で分かりやすい伝統的な言葉で説明します。

二つ目は、引っ張るエネルギーです。お互いに引っ張る力、引力です。二つのものがあると、お互いに引きつけ合うのです。逃げていかないで、繋がりをつくる、引っ張りあう。そのエネルギーの流れです。たとえば、質量があるもの同士がお互いに引っ張って、どこまでも引っ張っていったら、ものというのは最後に消えてしまうのです。

三つ目は、動きというエネルギーです。ものはぜんぜん止まりません。いつでも動いて、変化しているわけです。熱が形を変えるという意味から、熱のエネルギーと理解してください。止まることのない、常に変化し続ける、動きというエネルギーです。

四つ目は、引き離すエネルギーです。先ほどの引力とは反対のエネルギーになります。

その四つが物質世界の基本です。先ほどの説明では少し分かりにくいでしょうが、皆さんがご存知の仏教の伝統的な言葉で言うと、地・水・火・風です。地・水・火・風と聞くと、何だか原始的で占いのようなバカバカしい話だと思うかもしれませんが、べつに「土だ、水だ」と言っているわけではありません。基本的な四つのエネルギーをこの言葉で表しているのです。ちょっと整理してみましょう。

地（Pathavī）……質量、ものの堅さ・重さをつくるエネルギーの流れ。

水（Āpo）……繋がりをつくるエネルギー、引っ張るエネルギー。地の素をつなぎ合わせる働き。

火（Tejo）……熱エネルギー。熱は形を変化させる。熱が変化を起こす。

風（Vāyo）……引っ張るエネルギーの反対で、引き離すエネルギー。

地・水・火・風以外のエネルギーもありますが、それらもすべてこの四つのエネルギーから副次的に生じるのだ、というのが仏教の物質論のエッセンスです。この地・水・火・風の中に、すべての物質を入れてしまうのです。私たちの身体も地・水・火・風の物質的エネルギーで構成されています。

物質の話はこれくらいでやめましょう。

物質を支配する精神エネルギー――ナーマ

先ほど、「ナーマとは精神的エネルギーの流れのことだ」と説明しました。いきなりそう言われてもよく理解できないと思いますが、皆さんには心がありますね。ナーマとは心のことだと理解すればわかりやすいでしょう。仏教では、このナーマが、物質的エネルギー（ルーパ）を支配していると説くのです。

疑われる人も多いかもしれませんが、これは本当のことです。心が変化すると、それによって物質も変化するのです。悲しみに陥ったら食欲がなくなる、ストレスが癌発症の原因になる、などの話は、皆さんよくご存じでしょう。

鉄という物質は放っておけば自然に錆（さび）ていくものですが、「錆止めをしよう」と人間が心を働かせることによって、防錆加工を施すことができます。

また、人間は心でいろいろなことをまず考えて、それに従ってさまざまな道具や建物などをつくっているのではないでしょうか？　ＩＴ機器や自動車などの乗り物、家庭の電気機器やガスレンジにしても、または巨大なオフィスビルやスタジアムなども、人間の心の産物です。自然に任せていたら勝手に建物ができあがったわけではなく、人間がいろいろと考えて工夫して、さまざまな物質の変化を意図的に起こした結果として、人間にとって便利な機械やシステム、施設などが作り出されるのです。

そのような外の世界だけではなく、私たちの身体も、心の状態に影響されて元気になったり病気になったりしているのです。心にひどく強いショックを受けたらベッドから起き上がれなくなるし、ストレスに晒されると胃酸が過剰に出て、胃炎を起こすはめになったりするでしょう。逆に、明るく楽しい気分でいると、それにつられて身体もどんどん元気になります。そういった日常の経験からも、心がすべての根本だと分かるはずです。

〈心がすべての根本だ〉というのは、存在そのもののありようについて語っていることなのです。もう少し分かりやすい話をすると、歩きたいときには歩くし、止まりたいときに止まる、ということです。私たちの足を量ってみると、結構重いのです。でも、この重たい足が、歩きたいと思ったら、何のことなく軽々と持ち上がってしまう。自分の手でも、重さを感じてみるとかなり重いのです。それなのに、「手を上げたいなあ」と思ったら、その重さがどこかに消えてしまったかのように、何ということもなく軽々と上がります。

私たちはいつでも意志という精神的エネルギーによって、身体（色）をいとも簡単に操作しています。ナーマがルーパに働きかけることで、ものの堅さ・重さ（質量）をつくる地のエネルギーを変化させてしまうのです。

ナーマ・ルーパについての説明は難しかったかも知れませんが、ここでは〈物質は心に支配されている〉とだけ憶えておいてください。瞑想を実践するためには、それくらいの基礎知識があれば十分です。

瞑想の基本――体験に余計な解釈を入れない

初心者や仏教をよく知らない人々は、瞑想という言葉に宗教的な響きを感じるようです。瞑想というと、「魂の浄化」とか、「チャクラの開発」とか、よく分からない話がくっついてきます。「神と一体化する」とか、「〇〇如来と一体になる」などという方々もいます。どんな宗教にでも、そういう怪しげな話があるのです。

ヒンドゥー教のヨーガでは、私たちの尾骶骨(びていこつ)の辺にクンダリーニというエネルギーが出ているのだと言います。「そんなに大事なものだったら、なぜお尻のところに隠れて寝ているのか」と聞きたくなりますけど。

私はそういう話をしている方々をバカにしたいわけではないのです。瞑想をしていると、いろいろな体験をすることは事実です。問題は、その人たちが各々の体験を自分で勝手に判断して解釈してしまっていることです。瞑想する人々に対して、仏教でははじめから、「解釈するな、判断するな」と口を酸っぱくして言っています。

瞑想をしていると、先ほど説明した風のエネルギー――軽さとして感じるルーパのエネルギー――が、どんどん下から上へ昇ってきます。それは当たり前のことなのです。座っているときにいちばん重さを感じているのはお尻や足ですから、心が軽くなってくるに従って、お尻も足も軽くなってくる、という理屈なのです。

その軽くなった状態がまとまってきて、どんどんと頭のてっぺんにまで昇ってくるのです。すると、何だか自分自身がぜんぶ消えたような、実にいい気持ちになるのです。その感覚を、ある宗教では大げさに「クンダリーニの上昇」とか言って説明しているだけのことです。

そのようなわけの分からない宗教の言葉は、人をむやみに混乱させるだけです。仏教ではそういう言葉は使わないのです。ただ、「身体にはそのような地・水・火・風のエネルギーが働いていて、心の状態によって身体のエネルギーの状態も変化するのだ」というふうに単純に説明します。

そういうナーマ・ルーパ（名色）の知識を踏まえた上で瞑想をします。瞑想と言ってもいままでとはイメージが違いすぎて、皆さんは「これが本当に瞑想なのか？」と思われるかもしれません。しかし、お釈迦さまの瞑想では、瞑想をはじめた瞬間から神秘や宗教を一切捨てて、よけいな判断をやめることにチャレンジしなくてはならないのです。

それが、悟りの第一段階にチャレンジする道なのです。

III　とっても簡単〝歩く瞑想〟

たった30分やるだけで集中力がつく

具体的にその瞑想はどうやって実践するのか、という話に移りましょう。

私たちは、いま・ここの自分のあり方を観察する方法を瞑想と呼んでいます。まず歩く瞑想を説明します。英語で言えば、ウォーキング・メディテーション（Walking Meditation）ですね。

言葉にすると、びっくりするほど簡単です。まずしっかり立つこと。しっかり立ってからしっかり歩くこと。歩くときは、下を向いて歩くのではなくて、まっすぐ前を見て歩くこと。

よく悩みごとのある人は下を向いて歩きますね。頭が悪い人は逆に、上を向いて歩いたりします。これは冗談ですが、そうではなくて、きちんとまっすぐに立って、まっすぐ向いて歩く。歩くときには、何も判断しないことです。ただ歩くことに集中するのです。

「歩くときに判断しない」と言われても分からないと思います。そこで、次のように心の中で実況中継してみます。「歩きたい」、「立ちます」、「左足」、「右足」という具合に、頭の中で言葉を使って確認するのです。「左足」と念じたら左足に意識を持っていって、左足を前に出す。「左足、上げます、運びます、降ろします」と実況中継しながら左足を降ろすのです。

それから、「右足」とまた頭の中で言葉にして確認するのです。「右足」と、右足に意識を持っていく。そして右足を心に感じながら、「右足、上げます、運びます、降ろします」と右足を降ろします。右足を降ろしたらさらにまた、「左足、上げます、運びます、降ろします」というふうに歩くのです。そうやって三〇分間歩くと、それは立派な三〇分の瞑想です。

ここまでの説明を読めば、とても簡単だと思えるでしょう。実際、とても簡単です。こういうふうに歩くと皆さんは、「やけに気持ちがよくなった」と感じるはずです。

歩く瞑想のときには考えたり、何か判断したりしないでください。放っておくと人は、四六時中頭の中であれやこれやと考えたり、いろいろ判断したりしてしまいます。だから、よけいなことを考えないように、頭をとことん忙しくしてしまうのです。頭に判断する働きを止めさせるぐらい頭を忙しくするために、自分がそのときにしている動作を頭の中で言葉にしてきちんと実況中継するのです。

つまり、「左足、上げます、運びます、降ろします」「右足、上げます、運びます、降ろします」と言葉にして確認します。

目にはいろいろなものが映るでしょうが、あえて見ようとしないようにします。ただ放っておいて、先ほど説明した要領で歩く。

もしも皆さんが何かで悩んだりしたときは、とりあえず五分間、こうやって歩いてみてください。先ほどまで悩みごとを抱えて、頭の中で火が燃えて熱に浮かされたような感じだったのが、頭のてっぺんからスーッと静かになっていきます。それが瞑想で得られる集中力なのです。

仏教とは違うごくふつうの瞑想でこれだけの集中力を得るのは、なかなかできないことです。お釈迦さまの歩く瞑想では、その強い集中力がいとも簡単に実現できてしまうのです。

忙しい人ほど瞑想の時間は取れる

今日から皆さんは、歩くたびにこの瞑想をしてみてください。自宅から駅まで行くときも、世間話やよけいなことを考えるのではなく、頭をリラックスさせてください。頭を休ませてあげてください。私たちの頭は一分も休んではいません。いつでも、欲で苦しみで、燃えているのです。歩く瞑想で、この火を消すのです。

「左足、上げます、運びます、降ろします」「右足、上げます、運びます、降ろします」と実況中継を続けると、心が落ち着いてくるのが分かってきます。足の動きだけにとことん集中する。足の動きだけを感じる。そうすると世界が消えてしまって、自分の足の動きだけが分かるようになります。

この足の動きが分かるということは、べつに足のことが分かっているわけではなくて、地・水・火・風が分かっている、ということなのです。つまり、すべての色（しき）のエネルギーが分かっている、ということです。

歩く瞑想だけでも実践すると、皆さんは知らないうちに心が治ってしまって、みるみる元気になります。心が治ると活発になって、どんどん智慧の方向に心が行くのです。心をわざわざ智慧の方にもって行こうとしなくてもいいのです。ごく自然に智慧が現れてきます。そういうわけで、私たちがだれに対してもまず実践を勧めるのが、この歩く瞑想になっているのです。

歩く瞑想がどれほど素晴らしいかを説明します。私たちの方法だから多少なりとも我田引水になってしまいますが、他の人は宣伝してくれませんから、自分でこの歩く瞑想の優れている点を書きます。

たとえば、修行をするとなると、時間がかかります。それに、仕事を辞めて、家を離れて、道場に行って、山にこもってなどと、いろいろやらないといけない条件が出てきてしまいます。だから、だれもやらないのです。宗教家でさえも、自分の教会やらお寺やらで忙しいから、毎日いろいろなことをしていますが、修行だけはしないのです。

そういう意味からすれば、一般の人が修行をしないのは、当たり前の話です。皆忙しくて、修行に行く時間がないのです。悩んでいる人に「瞑想でもしたらどうですか」と言うと、「そんなことをする暇はない」とすぐに答えが返ってきます。

お釈迦さまは智慧がありますから、そういうことは言わせないのです。何とか言いわけをして逃げようとしても、逃げられません。

「そんなに忙しいと言っても、ではあなたは歩かないのですか？」

と聞かれしまうのです。人は一日中結構よく歩いているのです。忙しければ忙しいほど、かえってよく歩いているのです。歩くときに自分が歩いていることに気づけば、それが瞑想になるのです。ということは、〈忙しい人ほど歩く瞑想をするチャンスがある〉という話になってしまうのです。

ですから、時間がない、暇がない、忙しい、などという言いわけは通じません。どんな人間でも、修行をする暇があることになります。歩く瞑想の修行をしても、一秒も損はしないのです。得はたくさんあるのです。

たとえば、道場などに行ったら、会費を払わなければならないし、その場所まで行く時間も損をするし、いろいろと損をします。歩く瞑想は、まったくお金もかからないし、いつでも自分が歩くときにすればいいのだから、特別な時間もかかりません。ですから、今日からこの歩く瞑想をぜひ実践してみてください。

でも皆さん、忙しいときは速く歩きます。速く歩くときは、「左足、上げます、運びます、降ろします」といちいち実況中継する暇がない。その場合はどうするかといいますと、「左足、右足、左足、右足、左足、右足」と確認しながら歩きます。そうやって速く歩くときでもやはり、心できちんと「左足、右足、左足、右足」と感じていないといけないのです。

だれにでもできて得することばかり

少し脳科学的な言葉を使って説明しますと、この瞑想を行えば、私たちの脳の右側と左側が交互に激しく信号を受けることになるのです。

私たちは、「左足」と感じるときは右側の脳が活性化して、「右足」と感じるときは左側の脳が活動します。だいたい人間は左と右の脳をバランスよく使っていないのです。この歩く瞑想をすると、いとも簡単に左と右の脳が同時に働くようになります。そうなると、智慧や能力がどんどん発揮されるのです。

それだけでも素晴らしい結果が得られるのですから、ただ歩く瞑想をするだけで得になります。何も損はない。得ることばかりです。私はこれだけは、自信満々で言うことができます。だから、だれかれの区別なく、強くお薦めします。

この歩く瞑想は簡単にできると思います。たとえば、「数珠をもって歩きなさい」と言われると、ちょっと格好悪くてできないでしょうし、「修行の特別な服を着てやりなさい」と言われたら、それもできない。しかし、この瞑想には何の束縛も規則もなく、ごくふつうに歩くだけなのです。「では、ジョギングのときにもできますか」と聞く人もいるかもしれません。ジョギングのときでも当然できます。そのときは、素早く「左ッ、右ッ、左ッ、右ッ」と確認すればいいのです。ですから、ジョギングをする時間、一時間でも、二時間でも、三時間でも「左ッ、右ッ、左ッ、右ッ」とやってみてください。そうすると、私たちの心がどんどん落ち着いて、安らかに、静かになってくる。心の悩みはスーッと消えていってしまう。そうなると、まったく疲れなくなります。一日中、ぜんぜん疲れを感じずに過ごせるのです。

だいたい現代人は、ほとんどみんな睡眠不足です。忙しくて寝る時間がない人が多いですし、寝る時間がたくさんある人でも、悩みごとで頭が混乱して熟睡できません。どちらも睡眠不足です。でも、この歩く瞑想をやっていると、脳が疲れなくなって身体も疲れなくなります。歩く瞑想をして心が静かになった人は、三時間しか寝なくても、二時間だけ寝ても、たった一時間でも、もう十分なのです。夢も何にも見ないで、すっと寝ることができ、さっと目が覚めます。

低血圧で朝が苦手だなんていう人などの血圧系のいろいろな症状も、ぜんぶ治ります。よく女性の方はプロポーションを気にしています。「よけいな脂肪がついてほしくない」と思っています。でも、心が静かに落ち着くと、自然と身体は一番いい状態になるのです。

いまの女性はガイコツみたいに細くなりたいとがんばっていますが、そういうガイコツ状態には陥らないで、身体にとって一番いい状態になります。筋肉もほどよくついて、いらないよけいな脂肪は消えていってしまう。身体のコントロールは心でぜんぶやっていますから、心がいい状態になると、身体もいい状態になるのです。

太りすぎている人の多くは、たいていいろいろな悩みごとを抱えています。欲やら、嫉妬やら、いろいろなものがあって、身体が太りすぎたりするのです。

歩く瞑想は、いろいろな瞑想のなかでもとても大事な修行なのです。この本を読んで、一人で実践してみても大丈夫です。ぜひ始めてみてください。

Ⅳ　ひとつひとつの行為を言葉で実況中継する瞑想

家庭内の問題はあなた自身がつくっている

次に説明する瞑想には名前はないのですが、大切な修行です。

私たちにはつまらない仕事というか、べつにたいした意味のない仕事をしなければならないことがよくあります。マンネリになっている日常茶飯事のいろいろなことがあります。

朝起きると雨戸を開ける、布団をたたむ、顔を洗う、歯を磨く、朝ご飯をつくるなどのことです。あるいは、洗濯をして、洗濯物を干す。掃除機をかける。家事ばかりを例として取り上げましたが、そういう日常的な仕事をしているときが、実はとても大切なのです。

日常的に家事をこなすことの多い女性の方々は、自分では気づかないうちに心のなかに問題をつくっているのです。

たとえば、洗濯をしながら、「なぜ私はこんなことをしているのか、私の人生は何なのか」などという考えや不平不満が生まれるのです。そういう考えや思いが溜まりに溜まってしまうと、いつの間にか知らないうちに、家庭がめちゃくちゃでどうにもならない状態になってしまいます。めちゃくちゃになっているのに、その原因がぜんぜん分からないのです。

カウンセラーの方々はご存じだと思いますが、家族の問題を相談に来たお母さんは必ず、

「私は一所懸命やっています」

と言います。

「あの子はとても優しくていい子だったのに、なぜか問題児になってしまった。どうして悪くなったのかまったく分からない」

と言います。

どこからこのひどい問題の元になる間違った意識、間違った思考が生まれたのでしょうか？　それは、お母さんの日常生活の中から生まれているのです。

お母さん本人は、「子供や家庭のことを考えることぐらいいいではないか、考えるのは当然のことではないか、何を考えようと大したことではないではないか」と思っています。でも、〈心が、考えが、物質を支配している〉という重大な事実を思い出してください。

部屋を掃除しながら、子供部屋でつまらないことを考えるし、次の部屋に移ってもまだこんな状態で、ああだこうだと愚痴っぽいことを考えている。子供の悪口はあまり言わない人でも、ダンナ

さんに対してはいろいろな文句のある奥さんが多いのです。「まったくだらしがない」だとか、「いやだ」とか、いろいろと思いながら、でも自分の仕事はちゃんとしています。仕事はちゃんとしているから、ダンナさんは「うちは女房がきちんとやってくれている」と思っています。見たところ平和な家族で、とても幸福であるはずなのに、なぜか問題が起こる。奥さんもなぜだか分からない。奥さんは毎日毎日部屋をきちんと片づけてきれいにしているのに、ダンナさんが毎日あちこち散らかします。そうすると、「なぜこんなだらしない人と結婚したのか」などと考えたりします。

そういうつまらない考えが問題の元になるのです。

日常生活を瞑想に変える方法——たった一ヵ月で一流になれる？

そういう状態を直す方法が、この瞑想なのです。掃除や洗濯のときに、つまらないことを考えたりせずに、ただやるべきことに集中できる方法です。

具体的にどうするかというと、たとえば拭き掃除をするときには、

「拭きます、拭きます、拭きます」

と実況中継しながら拭いて、掃除機をかけるときには、

「掃除機をかけます、掃除機をかけます」

ダンナさんが自分のシャツなどを床に散らかしっぱなしにしていたら、

「ワイシャツを取ります、しまいに行きます、置きます」

と実況中継しながら片づける。そのようにやってみてください。それが日常生活を瞑想に変える方法なのです。

日常生活を瞑想に変えると、私たちが悩んでいる時間はぜんぶ消えてしまいます。同時に、掃除や洗濯もきちんと仕上がるのです。集中しているので、見事に仕事ができるようになります。そして不思議なことに、瞑想しながら仕事をすると、ぜんぜん疲れないのです。やってみてください。家中掃除しても、ただ気持ちいいだけでぜんぜん疲れていないことが、ご自分で体験できると思います。

料理をつくるときでも、たとえばジャガ芋の皮をむく場合は、何も考えずに、

「むきます、むきます、むきます」

と皮をむいて、

「置きます」

と置きます。

そうすると、面白いのです。そして、そのときに私たちは、抜群の集中力を作り出しているのです。これは並み並みならぬ集中力なのです。だいたい一ヵ月間、これをまじめに真剣に実践するな

らば、皆さん、これは決して冗談でなく、日本でも一流の人間になれると思いますよ。どれほど世の中が見えてくるか、どれほど人生が見えてくるか、それは相当なものなのです。

とにかく、毎日のつまらない仕事やいやな仕事をしているときに、「この時間は修行をする」と決めて実行してください。たとえば、「掃除機をかける時間は修行します」「洗濯物を干す時間は修行します」「料理をつくる時間は修行します」と修行してください。一ヵ月もかからないで、大変な効果があると思いますよ。

積年の悩みが一瞬で解決することもある

カルチャーセンターで瞑想の講義があって、このお話をしました。そうしたら、ある一人の奥さんがその瞑想を少し実行してみたところ、その瞬間に自分の心が変わってしまったことに大変驚いて、講義の後で走ってきて、私にそれを報告してくれました。

それはどういう話かというと、それまでその奥さんはずっと悩んでいたらしいのです。具体的には、ご主人が定年退職して家にいるのですが、とてもわがままで、あれやれこれやれとずっとうるさく命令ばかりしている。その奥さんは若いときからずっと命令されっぱなしで、いやでしょうがなかった、というのです。

当然のことだと思います。命令ばかりしていても、「ありがとう」とお礼くらい言えば、それだけで何となく落ち着きますけれども、だいたい男というのは奥さんにお礼など言いません。「自分の家内だ」と思っていますし、「お礼なんか言わなくたっていい」と決めていますし。

それでその奥さんは、ご主人に対する不平不満の悩みをずっと抱えたままで生きてきたそうです。そういう状況のときに、この瞑想を知りました。

あるとき、ダンナさんが自分の鞄（かばん）を部屋の中に忘れて、「鞄を忘れたから、駅まで持ってこい」と命令したそうです。当然、いつもの不平不満や怒りが頭の中を駆け回りました。でも、その不満を口に出すことはしません。おとなしい女性ですから、黙ってがまんしています。

その瞬間に、私の話を思い出したそうです。そこで、

「ああ、なるほど、いま私は怒りました」

と自分の気持ちをまず確認しました。それから、「左足、右足、左足、右足……」と実況中継しながら歩いて行って、「鞄を持ちます、鞄を運びます、ダンナに鞄を渡します」と渡しました。

その瞬間に、奥さんの心は変わってしまった。自分がそれまで抱（いだ）いていた、二、三十年のあいだに溜まっていた深い悩み苦しみが、いっぺんに取れてしまった。と同時に、「なるほど、こういうふうにいままで自分は、自分自身でよけいな苦しみをつくっていたんだ」と気がついたそうです。

その自分の驚きを、走ってきて私に報告してくれたのです。

言葉でひとつひとつ実況中継しながら

男性でも日々つまらない仕事をやってる時間は当然あります。ゴルフクラブを磨いたり、庭の手入れをしたりしているときに、その仕事をしながら、言葉で実況中継してみてください。

よく奥さんはダンナさんに、「ちょっと掃除してください」とか、「庭の何たらをしてほしい」とか、いろいろな仕事を頼みます。でも、男の人は皆、そういう仕事はなかなかやろうとしません。何とか言いわけをして逃げてしまうのです。

そういう仕事でも、ちゃんと言葉で実況中継しながらやると、結構気持ちがいいものなのです。だいたい男というのは、何かをやりはじめたら、とことんやります。途中でやめるようなことはあまりないのです。

趣味にしても、男性が何かやり出したら、アマチュアで終わらずにプロになるくらい熱中してまでやることが多いのです——もちろん女性のなかにもそういう熱中型の人はいますけれど。それはどういうことかというと、男性は自分がすることを、細かくひとつひとつ確認しながらやっているのです。ですから、機械関係の修理屋さんなどは、ほとんどが男性です。

あれも一種の集中力なのです。私もたまに機械をいじったりすると、周りの世界を忘れてしまいます。時間も忘れてしまって、そればかりをやってしまうのです。趣味などは自然にそうなりますが、私も掃除などは、やはりあまりしたくないのです。男だからというのは言いわけになりませんし、何かよく分かりませんけれども、「取り立ててやらなくてもいいのではないか」と思って、何となくやらないのです。「少しくらい散らかっていたって、死ぬわけではないのだから」と思ったりして。

それでも、だれかお客さんが来ることになっているときは、掃除をするのです。でも、私は掃除をするときでも、いやな仕事と思いながらしないのです。きちんと智慧を働かせて、ていねいに言葉で実況中継しながら掃除をするのです。そうすると、早く終わるし、ていねいに掃除をした分だけきれいになるし、なにより気分がいいというか、気持ちが明るくなってくるのです。

そこで私は、「こんなに気持ちがいいのだから、毎日やればいいのだ」と思います。そう思いながら、なぜか毎日は掃除をしない。何か他のことをやってしまうのです。

まあとにかく、男性であろうが、女性であろうが、私たちは毎日つまらない仕事をたくさんします。そのときには、言葉で実況中継しながらひとつひとつ確認して、その時間を修行としての時間にしてしまうことをお勧めします。

スランプからすぐに立ち直る秘訣

役に立つことをもう一つお話ししましょう。

皆さんは時々スランプ状態になることがありませんか？　行き詰まってしまうことがあると思い

ます。仕事をもっている人は必ず行き詰まることがありますし、仕事を持っていない人でも、どんな人でも行き詰まることがあります。

ふつうの主婦業をしている奥さんにもあります。一見きちんと仕事をしているのだけれども、実際は気が乗らなくて、何もできないような感じがする状態になるのです。男性でも、仕事をバリバリやっているのだけれども、どうも味気なくて仕方がないことがあるのです。

よく流行作家など文章を書く仕事の人の場合など、「行き詰まってぜんぜん書けない」と言う話を聞きます。頭も身体も止まってしまって、何もできなくなるそうです。

そんな状態に落ち込んだら最悪でしょう。「仕事をしなければいけない」と焦るのに、何もできないのですから。

子供たちも、勉強をまったくやりたくない状態になることがあります。ただ寝てばかりいるようになってしまったりして、「こんなことをしていてはだめだ」と分かっているのに、どうしようもないことがあります。

野球選手などにもよくあって、それまでホームランを連発していた選手が、ある時からぜんぜん打てなくなったりします。

ふつうスランプ状態になったときは、みな時間をかけてゆっくり直します。時間をかければもちろんいつかは直りますけれども、実はすぐに直す方法があるのです。先ほどお話しした瞑想を使うのです。つまり、自分の状態に気づくことです。

文章を書いていて、いきなり書けなくなった。それでも書こうとして、焦って、書き直して、また書き直して、と繰り返しているうちに、どんどん状態が悪化していきます。いくら焦って仕事をしようとしても、行き詰まった状態は直りません。そのときは、

「あ、書けなくなった」

とまず自分の状態を客観的に見ます。そして、

「止まります、やめます」

と頭の中で言ってやめる、堂々と！　急ぎの仕事であっても、今日中にやらなければいけない約束であっても、仕事ができないときは、

「やめます」

と言っていったんやめる。

そうやって「やめます」と頭の中で言った瞬間に、すぐにスランプ状態から立ち直れることもあります。もしもすぐに立ち直れなくても、焦らないこと。仕事をやめて、座っていてもいいし、あるいは歩いてもいいのです。

「歩きます」

と頭の中で言って、歩いてみてください。心がほっとするのです。

「では、コーヒーを入れます」

と確認してコーヒーを入れてみる。そのときはちゃんと瞑想しながら、修行しながら、コーヒーを入れるのです。コーヒーの容器を取って、そのときはインスタントよりもコーヒー豆からきちんとコーヒーを入れた方がいいかもしれませんが、どちらでもとにかく、「入れます」とか、そのときのときの状態を言葉にしながら、気持ちよくコーヒーを入れる仕事をする。

それでもう一度座って、

「では、コーヒーを飲みます」

ときちんと言葉をかけながら、ゆっくり飲みます。飲むときは、コーヒーを飲むことだけに集中するのです。

そして完璧に自分のやっていた仕事を忘れてから、もう一度その仕事に戻ってみてください。スランプ状態から立ち直っていると思います。スランプ状態から立ち直る人は皆、自然とそういう方法をしているのです。

野球選手にしたところで、一度野球から離れて、どこか旅行にでも行って遊んだり、まったく違うことをやったりしていると、また元気が出てくるのです。ふつうの人にそんな暇やお金はありません。

でも、そんな時間やお金をかけなくても、コーヒーを一杯入れるだけでも、立ち直れるのです。

そうやってこの瞑想は、自分の人生を明るくするために、いろいろ使えるのです。

怒るのはあなたが判断しているから

もう一つ、〈怒り〉ということについて考えてみたいと思います。

家庭の問題とか、会社の問題があると、皆さんはよく怒るでしょう。怒るということは、判断をしているということです。その判断をするということをやめれば、怒りも起きません。

奥さんがダンナさんにいろいろな文句を言う。文句を言われたら、ダンナさんは怒ります。怒るから、問題が大きくなるのです。怒らなかったら、問題は消えます。

どうすればいいのかというと、奥さんが感情的になっていろいろな文句をダンナさんに言うとき、ダンナさんはその言葉を捉えて判断することをやめて、

「いま自分の耳に触れるのは、音です」

と観察して、静かな心でいるといいのです。「耳に触れるのは音だ」ということは事実なのです。

そのように意識すると、耳に触れる音を感じるだけで、怒りの気持ちはわいてこないのです。言葉の判断をしないで、頭の中で、

「音、音、音」

と念じてみてください。

感情を爆発させる状態は苦しい状態ですが、その状態に反応して苦しみを大きくしないことです。怒っている奥さんだけが苦しんでいるとしても、ダンナさんまで同じ感情で苦しむ必要はありません。自分がしっかりしていれば、相手に巻き込まれずに済みます。

もし会社で上司に叱られたら、ふつうの人は心がかき乱されてしまうでしょう。それは上司の言葉をそのまま受け取って、頭の中で解釈して、判断して、自分勝手に悩んでいるだけだ、ということに気づいてください。上司が感情的になって怒っても、それはその上司の問題だから、勝手にすればいいのです。言われた方まで怒る必要はないのです。

だれかが怒って理不尽な言葉をどんどんぶつけてきたときは、その言葉を解釈しないようにします。言葉を受け取らないで、

「音、音、音、音……」

と確認して音を聞きます。静かな心で音を聞くのです。そうすると、耳に音が触れるだけで、自分の心と身体の中に混乱の嵐の波は起きません。

相手の怒りの火を一気に消し去る方法

ふつうは、自分の中に怒りの音が入ってきたら、心のなかにひどい嵐が生まれるのです。自分のおなか中、身体中が、怒りや混乱や、いろいろな嵐の波にかき乱されるのです。

でも、人間の身体のなかをそこまで変化させる不可思議な力が相手にあるわけではないのです。怒っている人は、ただ口で何かを言っているだけ、音を出しているだけです。つまり、相手は空気を少し振動させただけであって、自分の耳の鼓膜がほんのかすかに振動で震えただけなのです。

そんなことで、自分の身体のなかに恐ろしい感情の嵐の波を起こさないでください。それが実にバカバカしいことである事実に気づいてください。自分の耳のところで、怒りをカットしてください。

怒りの言葉をただの音だと確認すると、身体のなかがすっと静かで平安な状態になります。そこで喧嘩は終わります。それどころか、相手と喧嘩にならないのです。人間関係が抜群にうまくいくのです。

怒りのエネルギーを消すためには、怒りの言葉を受け取らなければいいのです。そのためには、言葉を判断しないことです。怒りの言葉を判断すると、「それは違う、そちらこそ間違っている」などの反論の気持ちから、こちらからも怒りの言葉が次々と出てくるのです。そうしたら、怒りは倍々に増えていきます。たった五分しゃべったら消えるエネルギーが、すぐに一時間怒鳴り合ってもだめな状態になってしまう。お互いに言い合いをして、あっちもこっちも怒って、どんどん火が燃え広がるのです。

もしも片方が、「音はしょせんは音だ」と気づいて静かな波動をつくったら、向こうのエネルギーも消えてしまうのです。即、消えます。怒りの火が消えると、こちらの落ち着きの波動が向こうにも伝わって、向こうも静かになっていきます。

お母さんたちは、自分の子供たちを怒りながら叱った憶えがあるでしょう。自分で叱っていても、「こんなバカバカしいことで、なぜこれほど怒らないといけないのか」と思いながら叱るでしょう。そういうときは、自分の感情のままに言いたい放題のことを言っているだけであって、まったく非合理的です。ですから子供の方も、叱られていることなどきちんと聞く必要はないのです。

「自分はいつでも、合理的に、しっかり、正しく、子供を叱った」というお母さんは、どなたかいらっしゃいますか？　いないと思います。ただ自分勝手に気がすむように、言いたいことを言っているだけなのです。

そんな怒りの言葉を本気でまじめに子供が聞いたら、子供はとんでもない地獄を味わいます。でも、だいたい子供もそんなに本気で聞いていないから、大丈夫ですけれど。もしまじめに聞いたら、とんでもないことになります。

だいたいだれでも感情的になってしまったら、自分の気がすむようにしゃべるだけなのです。ですから、我々はそういう場合はちょっと放っておいて、身体と心を静かにする。そういう実践をやってみてください。

V　座って行う瞑想

おなかの膨らみ縮みを観る

二番目の瞑想の説明はこれで終わって、三番目にいきます。三番目は、座って行う瞑想です。

ふつう坐禅といわれている瞑想と同じですが、べつに足を組まなくてもいいのです。きちんと姿勢良く座ればいいのです。椅子でもいいし、床の上でも、座布団の上でも、どこでも、自分がきちんと座れるところで座ります。

そのときも、

「座ります」

と頭の中できちんと言葉で言ってから座ります。

「座ります」

「座布団を持ちます」

「置きます」

「しゃがみます、しゃがみます、しゃがみます」

ときちんと頭の中で、言葉で実況中継しながら座ります。座るときは、ゆっくりと座ってください。自分の足を組める人は足を組んでもいいし、組めない人は組まなくてもいいし、椅子に座る場合は背筋をまっすぐにして、きちんと座ります。背筋を伸ばして、頭もまっすぐにします。まっすぐにしてから、手も膝の上に楽に置きます。

この座る瞑想は、楽しむ瞑想なのです。苦行ではないのです。「ちょっと楽しみましょう」という感じでやるのです。歌を聴くような感じで、映画を観るような感じで、「ちょっとの時間、楽しいことをしてみよう」という気持ちで座ります。

肩に力が入らないように、軽く手を膝の上に置きます。そのときも、絶対焦ってはいけません。ゆっくりと手を膝の上に持っていきます。

「手を置きます」

「左手を置きます、右手を置きます」

「形を整えます」

と言葉で実況中継しながら、ゆっくりと動きます。

体勢を整えてから、

「目を閉じます」

と目を閉じる。

目を閉じてから、意識を身体のなかに持ってきます。それから、深呼吸するのです。リラックスして、

「吸います」

とゆっくり息を吸う。

「吐きます」

と息を吐く。また、

「吸います」

と吸う、

「吐きます」

と吐く。

そうやって三回呼吸をします。

「吸います、吐きます」

と頭のなかで実況中継しながら三回呼吸をして、自分の身体の感覚を味わってみます。吸う感覚、吐く感覚を味わいます。身体が呼吸するのです。身体が息をどんどん吸うときは身体が膨らむ。息

を吐くときには身体が縮む。そのときに、おなかの上のあたりに大ざっぱに意識を入れる。大ざっぱに意識を入れたら、「膨らんでいる、縮んでいる」と分かります。

分かったところで、このように実況中継するのです。

「膨らみ膨らみ」

「縮み縮み」

「膨らみ膨らみ」

「縮み縮み」……

そうやって言葉で実況中継しながら、自分を観察する。ほんのかすかに自分が身体から離れたような状態になるのです。自分の身体が膨らんだり縮んだりしてるのを観察してください。

身体が膨らむときは、

「膨らんでる膨らんでる」

身体が縮んでいるときは、

「縮んでる縮んでる」

と観察してください。そのように続けていると、かなり心が落ち着きます。

落ち着いてきたら、ずっとそのまま、

「膨らみ膨らみ」

「縮み縮み」

と自分の状態を観察します。もし身体がゆっくりと呼吸する場合は、

「膨らみ膨らみ膨らみ、縮み縮み縮み」

と観察します。短く呼吸しているときは、

「膨らみ、縮み、膨らみ、縮み」

と観察します。中くらいの場合は、

「膨らみ膨らみ、縮み縮み」

と観察します。自分がこの膨らみと縮みになってしまうのです。膨らみと縮みになって、一緒に、

「膨らみ膨らみ、縮み縮み」

と観察していきます。

意外な自分が片っ端から現れる

瞑想をしているときに、いろいろな邪魔が入ることがあります。たまに、いきなり何かが起こって、音や声が耳に入ってきたりします。音や声が聞こえたりしたら、心がさっとそちらへ行ってしまいます。心が乱されます。

そうなっても、慌てる必要はありません。

「瞑想ができない、どうしよう……」

などと不安になることもありません。

そういう場合、何かが聞こえたときには、

「音、音、音……」

と実況中継して心を静めてから、

「戻ります、膨らみ膨らみ、縮み縮み」

とゆっくり元に戻ります。そうすると心の混乱が治まります。

また、長く座っていると、足が痛くなってくるかもしれません。そのときは、

「痛み、痛み、痛み」

と観察する。どうして足が痛いのかとか、どこがどう痛むのか、などというように考えたり、判断したりすることだけはやめてください。「痛くていやだな、足を組み直さないとだめだ」などと考えずに、

「痛み、痛み、痛み……」

と痛みを客観的にとらえていると、痛みが気にならなくなります。痛みが気にならなくなったら、

「戻ります、膨らみ膨らみ、縮み縮み……」

と元に戻ります。

身体がしびれて気になったら、

「しびれてる、しびれてる……」

眠くなってきたら、心で頭のなかを観て、

「眠気、眠気、眠気……」

と頭のなかで眠気が消えるまで実況中継します。眠気が消えたら、

「戻ります、膨らみ膨らみ、縮み縮み……」

とゆっくり戻ります。

その瞑想をしていると、もう一つ、実にやっかいな問題が生まれてきます。自分の頭にいろいろな考えが浮かんできてしまうのです。瞑想中に突然何の前触れもなく、きのう出会った人のことか、今晩の予定やら、いつか観た映画の一場面などが浮かんできたりします。こうなると、なかなか自分の考えをなくすことは難しい。

もしも頭で何かを考えはじめたら、すぐに、できるだけ早く、

「考えている、考えている、考えている」

と三回確認します。決して自分の考えに入っていかないことです。考えの中に入らずに、考えていること自体を客観的に観て、

「考えている、考えている、考えている」

と三回確認してから、

「戻ります、膨らみ膨らみ、縮み縮み……」

と戻ります。

こういうふうにして、三〇分か一時間、時間を自分で決めて、その間座ってみてください。

この瞑想は本当に自己が観察できる瞑想です。いままで分からなかった自分自身の性格や自分の心の中身が、片っ端から出てきます。自分が観えてくるのです。

でも、その観えてくる自分が、かえっていやになる場合もあります。だいたい人間は、自分のいやなところや悪いところは観ないようにして、ぜんぶ抑えてしまって隠しています。瞑想をしていて、自分のいやな部分を観たときに「いやだな」と思ったら、つまり判断をしたら、本当にいやになってしまいます。それで、瞑想をしなくなってしまったりします。

ですから、まったくクールに冷静な心で、心に怒りが生まれたら、

「怒り、怒り、怒り」

嫉妬が生まれたら、

「嫉妬、嫉妬、嫉妬」

と何も判断せずに観察します。いやになったら、

「いやになっている、いやになっている」

と観察すればいいのです。怠け心が出たら、

「怠けたくなっている、怠けたくなっている」

と何でも観察します。座って、目を閉じたままで観察し、確認するのです。それはすべて、自分を観察することになります。それがこの座る瞑想の基本的なやり方です。

この座る瞑想をやっていると、かなり心が成長するのです。瞑想の段階が進むのです。進むと言っても、皆さんが希望しているようなことにはならないかもしれませんが、皆さんには想像もできない超越した世界に進んで行くのです。

だいたい現代人は、ちょっとした健康のためだとか美容のために瞑想をやりたい、などと考えます。

でも、この瞑想はそんなちっぽけなものではないのです。本当に生まれ変わるのです。それでも、自分が途中でやめてしまったら、仕方がないのです。それは本人の問題ですから、文句は自分自身に言わなければなりません。

座る瞑想は終了も大切

もう一つ大切なことは、この瞑想の終了の仕方です。

瞑想の時間が終わったら、たとえば三〇分と決めて三〇分間瞑想をして、し終わってもいきなり

立ったりしてはいけません。この瞑想をしていると、自分では気がつかないうちに、心が深いところに行っています。ですから、いきなり立ったりしてはいけない。

瞑想を終えるときには、

「瞑想を終わります」

ときちんと頭の中で言います。その後で、

「吸います、吐きます、終わります、吸います、吐きます、終わります」

と言葉でゆっくりと繰り返します。それが終わったら、

「目を開けます、手を崩します、足を崩します、膝をつきます、立ちます」

と実況中継しながら立つ。そのようにきちんと終了しないと、危険です。

瞑想を終えるときには、きちんと正しく落ち着いて終了してください。危険といっても、そんなに怖がる必要はないのですが、もし落ち着いて終わらないと、瞑想が進まなくなってしまいます。その後の瞑想がとてもやりにくくなってしまうので、気をつけてください。

結局、人間にとって唯一の救いの方法は、〈自分をきちんと観察すること〉です。これが唯一の救いの道、解脱の道です。他の道はないのです。それははっきりお釈迦さまが仰っているのです。たったひとつの道しかない。それは、いまの自分に気づくことです。それがいやになってしまったら、どうしようもないのです。

ですから皆さん、ぜひこの瞑想を実践してみてください。そして瞑想を終了するときは、きちんと落ち着いて終了してください。

基本的な瞑想ヴィパッサナー

基本的な瞑想はこれぐらいです。これは自己観察の瞑想であって、いまの自分に気づくために行います。パーリ語ではヴィパッサナー（Vipassanā）といいます。

ヴィ（vi）は「明確に」という意味の接頭辞です。パッサナー（Passanā）は、「観る、観察すること」です。つまり、「明確に観察すること」が、仏教の修行方法なのです。この瞑想をすると、人生が明るくなります。身体も健康になります。それどころか、どんどん智慧がわいてきて、存在を超越して、解脱・涅槃に達することができるのです。

とにかく悟りの最初の確認事項は、

「判断をするのはバカバカしいことなのだ」

という事実を悟ることです。判断とは、あくまでも条件によってつくられた仮のものなのです。おにぎりがおいしいと言ったところで、それはその瞬間の仮の判断であって、いつでもどこでもおにぎりがおいしいわけではないのです。毎日たくさん食べさせられたら、いやになってしまうのです。ですから、おにぎりがおいしいという判断も、そのときだけのことです。それを悟るのです。

瞑想をすればすぐに分かります。

だから、何も判断しないで、ただ言葉で実況中継することだけをやってみましょう。この本を置いて、十五分くらいは座る瞑想をやってみてください。

では、これから、

「座ります」

と頭の中で、言葉で実況中継して、

「しゃがみます、しゃがみます」

とゆっくり感じながら座ってみてください。ゆっくりと動いてください。

「目を閉じます」

と目を閉じて、それから、

「吸います、吸います、吐きます、吐きます、……」

3 サティ瞑想

I　瞑想の基本〝サティ《気づき》〟でいい心を育てる

身体よりも内面が大切

「人間には、身体から出てくるオーラのようなものがある」という話を聞いたことがあります。以前読んだアメリカの本にも、そういう光を見ることができると書いてありました。そういうものかなあと思って見てみると、やはり何か見えるようです。

人間だけではなく、山や植物などからも何かエネルギーのようなものが出ています。それは強く出ている場合も、弱い場合もあります。見えるものが本当にオーラと言えるかどうか分かりませんし、あまり気にする必要はないのですが、何か光が見えるようです。

かなり昔ですが、スリランカの道場で瞑想をしていて、落ち込んでしまったことがあります。私はいろいろな研究をしていたので、頭のなかがさまざまな概念でいっぱいになってしまって、ヴィパッサナー瞑想がとてもやりにくくなっていたのです。一所懸命に正直な気持ちで瞑想をして、頭のなかの考えや概念を必死に払っても、次々に湧いてくるのです。あらゆる固定観念が出てきて、どうしようもなくなったのです。「どこまで人間は自分の持っている概念を捨てればいいのか」と大変落ち込んで、何もできなくなったりしました。

私は落ち込んだときは、よく道場の外に出ました。ある日外に出てみると、時々話をするある指導僧の方がこちらへ来るのが遠くから見えました。するとそのとき、とても薄い青い色のきれいな光が身体中に見えたのです。近くで話をしていると気がつかないのだけれども、遠くから見ると、薄い青い光が見えました。その光を見て、「自分もがんばらなくてはいけない」と思ったものです。「先輩方も清らかな心をつくって、「あなたたちもがんばりなさい」と仰っているのだ、落ち込んだりしている場合ではないのだ」

と、自分で自分を励ましてがんばりました。

この光の話は、わけの分からない神秘的な話ではありません。初期仏教では、神秘的なわけの分からない話はしません。私が言いたかったのは、肉体よりも心というか、気というか、内面的な力の方が大切だ、ということです。

どんなに手間暇かけても身体は死ぬ

身体などはそれほど大切なものではないのです。身体はこの地球の物質の、ほんのわずかな一部分にしかすぎません。その物質に、いろいろな食事を与えて大きくしているだけです。

そしてある時期がきたら、肉体はどんどん衰えて死んでしまいます。それを止めることは、だれにもできません。不老不死の人など、いままでに一人もいません。人が五百年生きたという話も聞いたことがありません。五百年どころか、二百年生きた、という話も知りません。身体には法則があって、その法則に沿って生活するならば、寿命はかなり延びます。それでもやはり、一三〇年から一五〇年くらいだと思います。ふつう私たちは身体をいじめるような生き方をしているので、一三〇年生きる人もめったにいません。

日本でもよく知られている、気という身体のエネルギーがあります。中国では病気になったら、気を入れてもらったり、自分で気をつくったりするのだそうです。気をつくる動きは非常にゆっくりした遅い動きです。見ているとイライラしてしまうほどゆっくりした動きです。そういう動きをすると、だれでも気というか、電気みたいなエネルギーが身体のなかに動いていることが分かります。

だいたい物質が生きているのは、そのくらいのゆっくりとしたスピードなのです。それが身体にいいスピードです。

でも、私たちの生活のなかでは、そんなにゆっくりと動くことなどできません。たとえば歩くときでも、私などは三〇分かかると言われる距離でも二〇分で歩いてしまいますので、当然身体の細胞の働きに逆らっているのです。

他のことでも、きちんと自分の身体の要求通りにしていれば長生きができますが、身体がくたくたに疲れていても働いたり、昼は眠くても我慢をして夜には無理にでも寝ようとしたり、栄養価が高いからといって食べたり、私たちはいろいろと身体をいじめています。そして、体力のあるあいだだけ何とか生きて、ちょっと歳を取ると早々に死んでしまいます。

でも、それはどうということはないのです。とにかく〈この身体はいずれ死ぬ〉ということです。だから、身体が大事だ大事だと大騒ぎするのはやめた方がいい。それなのに一般には、自分の身体を養うことに非常に心を砕いていて、莫大な財産や知識や能力を使っているようです。でもそんなことは、結局何にもなりません。私たちは皆、歳を取ったら病気になったりボケたりして、人に迷惑をかけて悲しく死んでしまうのです。

私たちは無明のために無駄な一生を過ごしている

以前テレビで見たのですが、アメリカでは年寄りを捨ててしまうことがあるのだそうです。年寄りを車である場所までつれていって、ポイと捨てて逃げてしまうのです。ひどいものです。年寄りを捨てた何人かにインタビューをしていたのですが、娘さんが自分のお父さんを捨てて、堂々とインタビューに出ているのです。日本では非道徳な報道も、アメリカだからできるのでしょう。

娘さんにもそれなりの言い分があるのですが、何とも言えない気持ちになります。そのお父さんは大変乱暴で、暴力ばかり振るう、というのです。それに子供のころに両親が離婚して、自分は母親には育てられたが、父親には育てられてはいない、といいます。

そういうわけで、親だという意識も薄くて、頑固な父親だから面倒が見切れなくなって、仕方なく捨てたのだそうです。それも犬を捨てる場所があって、そこに捨てたのです。

いいとか悪いとかというよりも、人生とはそういうむなしいものなのです。長生きをしたいとがんばっても、長生きをして何が幸せなのでしょうか？　自分の子供たちに捨てられるなど、何と情けないことでしょうか？　これではお互いが苦しいだけではないでしょうか？

子供にしても、親を捨てなければいけないという状況は、これはやはり大変な苦しみです。私たちなら、それがいくら他人でも、うるさい年寄りだからポイと捨ててくるなどということは、とてもできないことでしょう。それにもかかわらず自分の親を捨てることになるとは、ひどい残酷な話です。

でも、だれに文句を言ったところで仕方がありません。人生とはそういうものなのです。人生はありがたい尊いものなどと言いますが、そういうことはありません。人生は残酷で、むなしいのです。

親が子供のために、一所懸命に、寝る時間も惜しんで財産をためて、結局脳出血などで倒れてしまう。倒れてから、「自分は人生でいったい何をしてきたのか」と振り返ってみると、何にもない。大きな会社をつくったかも知れないけれども、自分が脳出血で倒れてしまったら、そんなこと何の役に立ちますか。そうやって死ぬ思いでためた財産も、相続税などを政府にたくさん取られて、会社にもいろいろ取られて、結局ほとんど子供に残すことはできない。

田園調布に大きな家を持っていた大金持ちの人が、三代目になると小さな家になってしまったそうです。それでもなお孫さんたちは、固定資産税が高くて払えないのです。いったい何のために一所懸命に働いてきたのでしょう。家族や財産や組織のために頑張って、世のなかの知識や学問を必死で身につけて、いったいそれが何になるのでしょう。

流行最先端のファッションに高いお金をつぎ込んでも、意味はありません。結局、最後はむなしいだけです。ですから、そういうことに自分の力をすべて注ぎこむような生き方は、いい加減にやめて欲しいのです。

身体は植物と同じで、放っておけば元気に育つのです。どうして放っておかないのでしょう。植物もやたらにいじり回していたら、成長するどころか枯れてしまいます。適度に放っておけば、元気に育ちます。人間も同じことで、身体の維持管理に神経を使ったところで、すべてムダに終わるのです。みんな一所懸命がんばっているのだけれども、朝から晩までムダに終わることばかりしているのです。それは人間の無明(むみょう)、無知であって、つまり完全に狂った生き方をしている、ということです。

先ほどお話しした、身体から出ているオーラの話を思い出してください。それは精神の光です。私たち人間はその精神性という部分が植物と違うのです。せっかく人間に生まれたからには、その精神性を成長させることが大切だとは思いませんか。

心のなかに育てたものは盗まれない

輪廻転生(りんねてんしょう)について、少しお話しします。

死んだ後も生命がつづくという話をすると、間違いなく誤解されます。たいていの人が、「では、私は死んでも、生まれ変わるのかなあ」とまず考えてしまうのです。そういう概念で考えるとおかしなことになるし、ややこしくなるだけです。だから私は、この輪廻転生の話はあまりしないことにしています。これは一般の常識的な考えではまったく理解できないことです。なぜならば、先ほどの〈私は生まれ変わる〉ということですが、その〈私〉とはいったい何でしょう。本当はそれもはっきりとしていないのです。ただ漠然と〈私〉と言って納得していますが、その〈私〉というのは何かを指しているに違いありません。言葉とは何か対象を指すものですから。

輪廻転生のシステムでは、〈私〉というものが再生するわけではないのです。しかし、それはまだはっきりと認識できていないのです。つまり、確認されていないのです。ですから、どうやって死んだ後に人の命がつづくのか、分からないでしょう。でもそのことは、分かっても分からなくても、どちらでもいいことです。

大切なのは、もし死んだ後に何らかの形で自分の命がつづくとしても、それは身体ではあり得ない、ということです。いくらいっぱい食べて身体を育てても、それは死んでしまえば火葬して、灰になって終わりですから。もし来世に何かをもっていけるとすれば、それは自分の心のなかで育ったものだけ、ということになります。

私たちには、悩んだり苦しんだり楽しかったり、いろいろと精神的な働きがあります。仏教では「盗まれないもの」という表現をします。心に育てたものは決して盗まれないのです。手や足や命は取られることもあります。でも、徳や性格や精神的なものは、だれも盗っていくことはできません。

だから、とにかく生まれ変わろうが、生まれ変わることがなかろうが、そういうことには関係なく、精神を育てることが正しい生き方であるのは事実です。ですから、豊かな精神、完全なる心、清らかな心を育てることが大切です。

ただ身体を養うだけというのでは、あまりにもレベルの低い、悲しい生き方です。

心の影響力はどこまでも付きまとう

「心というものはどういうものか、よく分からない」とみんな言いますけれども、心の働きは私たちの身体から周囲に拡がっていくのです。

ある人が肚（はら）を立てていると、横にいる人はすぐにそれに気がつきます。気がつくだけではなく、隣りの人から出る怒りの影響が心に入ります。何ヵ月もお風呂に入っていない不潔な人の隣りにいても、その場からちょっと離れれば別に何の影響も受けなくなりますが、怒っている人の影響は、ちょっと離れたくらいでは逃れることはできません。たとえば、部屋にいるだれかが怒りを振りまいたりすると、その部屋にいる全員にその影響が入ってしまいます。その部屋を出てまるっきり別のところへ行かない限り、その影響から逃れられません。ほかのところへ逃げても、まだ影響が残ることがあります。

ひどい場合は、外国まで逃げても影響からは逃げられない、ということもしばしばあります。身近な人とひどいけんかをしてしまったら、たとえ外国へ逃げたとしても、ずっとその怒りの影響で幸せになれません。心の影響というのは、それほど強烈です。

その影響から逃れるためにはどうすればいいかというと、新しい仲間や新しい人間関係をつくって、その強烈な人間関係のなかに入ることです。そうすると、やっと以前の影響を感じなくなるのです。そういうことはどなたでもご自分の経験から知っていると思いますが、心のエネルギーというのは非常に強い力を持っています。

思ったことは必ず相手に伝わる

もう一つ言いたいことは、〈心のエネルギーは巨大だ〉ということです。肉体としての人間の身体はいくら大きくても二メートルくらいですが、精神的な身体は非常に大きいのです。たとえば、大きな部屋いっぱいに私の心のエネルギーを拡げることができます。皆さんも心をもっているのだから、大きく自分の心のエネルギーを拡げているのです。

皆さんの集まる場所には、たくさんの心のエネルギーが拡がっています。それでそのエネルギーはどうなるかというと、お互いに重なっているのです。身体が重なり合うことなどはありませんが、心は積み重なって、積み重なって、お互いに関係しあっているのです。重なっているということは、自分の心が他人に知られている、ということです。本当は知られているのです。隠すことはできないのです。

頭のなかの概念で考えると分からないのですが、脳細胞ではなく心で感じるならば、完全に分かります。もし相手に自分の心が知られているという事実を知っているならば、「嫌いだ」とか「死んでしまえ」などというような悪いことは、思わないようにするでしょう。でもふつうの人は、相手に自分の心が伝わっていることに気づいていないから、心はとても危ない状態にあるのです。そういう心同士では、お互いがいつもぶつかってしまいます。

ある人が悪い心のエネルギーを出していると、同じ部屋にいるだけで、その人の悪いエネルギーが自分の精神をどんどん穢していくのです。それは、どうしようもないことです。その逆に、ある人がいいエネルギーを出していると、周りの人々も影響を受けます。

心の波動は必ず伝わる仕組みになっています。だから、どんなに「自分は影響を受けないぞ」と力んでも、自分を守ることはなかなかできません。いいエネルギーのなかにだけいれば問題はありませんが、そういうわけにもいきません。心というのはいつでも、危ない状態にあるのです。やられっぱなしです。身体は服を着たりして守ることができますが、心に服を着せることはできません。

心に関することは科学の分野ではまだ研究し尽くされていませんから、いまのところ、心の問題はやはり宗教で扱わなければなりません。私たちには、悪い心の影響から自分の心を守ることと、清らかな心をつくることの、この二つが絶対に必要です。

では、どうやって悪い心の波動から自分の心を守ればいいのでしょうか？　あなたの心も大きいし、相手の心も大きくて、しかも積み重なっています。もしあなたの心の波動が弱ければ、当然相手の人の強い波動に侵略されてしまいます。弱い心はさまざまな強い心の奴隷になってしまう習性をもっていますから、それを防がなければなりません。

自分の心から出るエネルギーを強い波動にする必要があるのです。強くなると、自分の心を健康的に拡げていけます。たとえば、森のなかに怖い熊や蛇がいたら、私たちはびくびくして歩かなければなりません。怖い動物のいない森では、人はゆったりと散歩を楽しみます。強い人の心の縄張りに侵略されてびくびくしていたら、人間が小さくなってしまいます。だから、私たちの精神的な力を強くするのはとても大切なことです。

では、どういうふうに心を強くすればいいのでしょうか？　悪い心の力を強くしても、当然いい結果にはなりません。悪い人は結局だめになるだけです。人のものを盗んだり人をだましたりしたら、結局人も自分も苦しくなるだけです。ですから、清らかな心を強くしなければいけません。強い心には他の人々にも従うしかありません。清らかな強い心をつくってください。

心の働きは三種類――心所

心から出る波動にはいろいろな種類があります。心に起こる働きを意味する心所（Cetasika）という仏教用語があります。心がいろいろな波動を出していることを説明するために、この心所について少し説明します。

心の本質はどの心も同じなのですが、どのような心所が混ざっているかによって、心に違いが生じるのです。

この世のなかに百パーセント純粋な水は存在しないのと同じです。ミネラルウォーターといっても必ず何かが混ざっていて、成分によってそれぞれ微妙に味が違っており、敏感な人だとそれが飲み分けられるそうです。

それと同じように、心も一人一人混ざっている心所が違うのです。混ざっている心所の成分によって、その人の心が決まります。同じ水がコーヒーになったり、紅茶になったり、緑茶になったり、添加物でいろいろ変化するように、心も心所によって変化するのです。

心所は、善い働きをする善心所（ぜんしんじょ）、悪い働きをする不善心所（ふぜんしんじょ）、善くも悪くもない基本的な働きをする同他心所（どうたしんじょ）の三種類に分けられます。善心所は二十五、不善心所は十四、同他心所は十三の種類に分類されて、それぞれに名前がつけられています。

これらをひとつひとつ詳しく説明するには、かなりの時間を要します。心所とその働きについては、『ブッダの実践心理学　アビダンマ講義シリーズ第3巻　心所（心の中身）の分析』という本で詳しく解説したので、ここでは簡単に説明するだけにします。

まず善でも悪でもない十三種類の同他心所ですが、これらはいつでも働いている心の基本的な働きです。常に十三の心所ぜんぶが働いているわけではありませんが、だいたい七つ以上はいつでも働いています。この基本的な心の働きに、善い働きの善心所や悪い働きの不善心所が組み合わさって、善い心や悪い心が生まれます。

悪い心の働き——不善心所

不善心所をいくつか説明します。

まず貪（Lobha）という心所は、むさぼる働きをします。むさぼる働きとは、外にあるものを自分の心に引っ張ることです。自分のものにしたがるエネルギー。その心の波動は自分の方に何かを引っ張るので、いくら力を使っても心は拡がりません。かえって自分の方が小さくなってしまいます。

たとえば、私がある人を気に入って、いろいろ工夫してその人を強引に自分のものにしようとすれば、どうなるでしょう？　自分のものにしようとすればするほど、その人は離れてしまいます。自分の一方的な感情で強引に向かいますから、相手は気持ち悪く危険な感じを持つのです。どんなことをしてもらっても、うれしくありません。かえって自分を吸収しようとする不自然な力を感じて反発し、抵抗します。その結果、嫌われて逃げられてしまう。

貪の心所の強い人は、たいてい欲張りで、けちで、利己的な人です。そういう人は皆に嫌われて、どんどん自分のいる場所を小さくしてしまいます。自分の部屋にも人を招いたりしないのでよけいに寂しい人間になって、ついにはその人が生きているのかどうかさえ、だれにも分からないようになってしまいます。自分が拡がっていくことができなくて、逆に自分を小さくしてしまうエネルギーです。

次に、瞋（しん）（Dosa）（ドーサ）、怒りのエネルギー。これは相手を倒そう、相手を壊そうとする働きです。強弱はいろいろありますが、とにかく相手の心にぶつかる波動。そして棘（とげ）のようなもので相手を刺していく。

このエネルギーは相手とぶつかろうとして拡がるので、いくらか拡がる働きをもっています。でも拡げていくと、当然相手もぶつかってきますので、そこでストップします。たとえば冷戦時代には、西側と東側でお互いに核兵器をつくって対抗していましたが、お互いに力がぶつかり合ってある程度までしか拡がることができませんでした。それと似ています。自分の身体から怒りの波動を出すと、相手からも怒りの波動が出されて、お互いにぶつかります。

もし相手の方が強かったら、自分の波動は小さくなっていかなければならない。あまり大きくは拡がれません。

そういう不善心所、よくない心の働きがぜんぶで十四あります。

不善の心の波動は心の縄張りを小さくするのです。いまよりどんどん小さくなってしまいます。

善い心の働き――善心所①慈

次に善心所、いいエネルギーの例をいくつか挙げましょう。

最初は（Mettā）（メッター）。これは慈（じ）・悲（ひ）・喜（き）・捨（しゃ）の一番目の働きで、友情のことです。このエネルギーは共感的だから、どんどん拡がることができます。心所としての名前は不瞋（Adosa）と言いますが、ここでは分かりやすい「慈」にしておきます。

友情を拡げるためには、当然友情を感じる相手がだれか必要になります。人類に友情を感じて友情をつくるとか、そういったことではなく、友情とは特定の相手の精神的なエネルギーに向かうものです。そして拡がっていって、相手のエネルギーといっしょになるのです。共存的な働きだから、相手も自分の力が倍になったような気持ちになります。

倍というほどではなくても、とにかく強くなって元気になります。元気になって、自分の友情のエネルギーをまた他の人に拡げていきます。そしてまた他の人とつながって、お互いに元気になってまた拡がって、というように、それはどこまでも拡がっていくことができるのです。

だから、どんどん伸びて、ありとあらゆる生命のエネルギーとつながっていくのです。お釈迦さまが「友情のエネルギーは無量に拡げられる」と仰っているのも、そういう意味からです。

これは育てるべき精神的エネルギーです。このエネルギーはだれからも嫌われませんし、怪しく思う人もまたいません。瞑想は、心のなかにいいエネルギーを強くして育てることが大きな目的の一つです。そこが重要な部分です。

慈悲の瞑想では「自分の言葉で自分の幸せを瞑想してください」と言いますが、「私はお金持ちになりますようにと願え」とは言いません。

もちろん、自分が幸福になってそのおかげでお金持ちになるのは一向に構いませんが、それが欲の心であると、それは決して拡がらないエネルギーです。そのお金で親の面倒を見たいとか、仲間を助けたい、というような気持ちであれば多少はいいかも知れませんが、「自分がお金持ちになりますように」というふうに瞑想すると、それは拡がることができないどころか、不善のエネルギーとなって心を小さくします。善のエネルギーは自分の心を大きくして、力も強くします。

強さには、力強さと、スケールの大きさという二種類の強さがあります。慈悲の心を拡げて強くするには、どうすればいいのでしょうか？　それは、慈悲の瞑想のときに、自分と本当に親しい人の幸せを願うようにすればいいのです。自分の子供とか、自分の親友とか、心から相手の幸福を願える人を選びます。「自分の子供が健康でありますように」という願いは、強い気持ちで純粋に念じることができるでしょう。

気をつけなければいけないことは、「子供が自分の思うようになりますように」と念じると、その心は不善になってしまいます。「子供が自分の言うことを聞きますように」と瞑想すると、それは不善のエネルギーになって、ひどい目に遭います。

そうではなくて、「子供が一人前の社会人になって元気でがんばれますように」などと念じてください。そうすると、自分の心のいい波動が拡がっていって、だれも違和感を受けることなく、自分も気持ちよくなります。

だから、瞑想の文言は気をつけて選んでください。仏教では、基本的な文言はきちんとつくってあります。自分でつくってもいいのですが、私たちはまだまだ精神的に成長できていませんから、自分でつくるのはちょっと危険であると思います。

善い心の働き――善心所②智慧

次に、二十五種類ある善心所のなかでもいちばん大切な善心所について説明します。それは智慧(Paññā)です。

パンニャーというのは、発音をそのまま当て字にした『般若心経』の般若です。智慧というのは知識とはまったく違う心の波動で、すべてのなかでいちばん力強いのがこの働きです。これを拡げたらすべてを知ることができるということから、仏教では〈一切智〉と言って尊びます。お釈迦さまはこの一切智をもっておられた、と言います。

すべてのことを知るなどというと、驚異的な智慧のように感じられるかも知れませんが、それほど大したことではありません。だれにでもできることです。何を見ても何を聞いても、その構造がすぐに分かる力なのです。心所としての名前は慧根(Paññindriya)と言います。

智慧の力を成長させるサティ瞑想

ヴィパッサナー瞑想はこの智慧の力を成長させようとするもので、サティの瞑想とも言われています。

サティには「念」という漢字を当てていますが、理解しやすいように言葉を変えれば「気づき」ということになります。どんな現象、どんな心の動きにも気がつく、ということです。瞑想を始める人々は、意図的に精進しながら現象に気づく実践を行うのです。

少し専門的になりますが、心所の分類では、二種類の「気づき」があることを憶えておきましょう。

だれでも一般的にしている気づき、対象に注意を向ける心の働きは〈Manasikāra（マナシカーラ）＝作意〉という同他心所です。作意は善行為にも悪行為にも必要な心所です。

心を成長させる目的で、意図的に精進しながら行う気づきは、〈Sati（サティ）＝念〉という善心所になります。たとえば友情（慈）を瞑想すると、そこにもサティが入るのです。友情をどのくらい大きく拡げるかによって、サティという気づきの力も拡がっていくのです。

いま説明したように、本来、気づきはどんな生命にも必ずあります。そのだれでももっている気づきという心の働きを手がかりにして、ヴィパッサナー瞑想を始めるのです。何の予備知識もない人にいきなり、

「友情（慈）という共感の感情から瞑想をはじめなさい」

と指導しても、何のことやら判断もつかないし、共感的な友情をこれまで持った経験のない人にとっては瞑想になるわけがありません。

しかし、気づきという心の働きならば、だれにでもあるのです。皆さんは私の話に気づいているから、こうして本を読み進めていくのですし、時々メモをとったり、本にアンダーラインなどを引いたりしているのでしょう。寒いときに寒いと気がつく、暑いときに暑いと気がつく――そういうことは、だれもが日常経験していることです。気づきの働きがなければ、生命は生きていることができません。だから、常に心のなかに気づきは働いている、ということなのです。

ヴィパッサナー瞑想は、その気づきという働きを善心所であるサティまで高めて、現象をどんどん精密に、細かく認識できるようにしていくのです。その修行をつづけていくと、やがて十四の不善心所、二十五の善心所にあるすべての心の働きに気づくことができるようになっていきます。その結果として、自分の心の働きをすべて知ることとなります。

自分の心にきちんと気づくことができればできるほど、心のなかの善心所は成長していきます。善心所が成長すればするほど、不善心所は消えていく――そういう仕組みになっているのです。この不善心所がぜんぶ消えた状態を、悟りと言うのです。

悟りに至れば、不善心所は生まれません。なぜかといえば、悟りに至れば、おのずと智慧が生まれるからです。智慧の働きと不善心所の働きは、まったく相容れない性質をもっていますから、智慧があるところに不善心所が生まれることはあり得ません。

身体のなかに風邪のウイルスに対する抗体ができてしまえば、いくら風邪のウイルスが身体のなかに入ってきても風邪にかからないように、智慧が生まれると、不善心所は心のなかで生存できなくなるのです。

智慧の働きはとても強力なのです。不善心所のひとつである怒りもかなり強い力ですが、智慧の力には到底かないません。人間の怒りという現象は、その原因となる種がなければ生まれてこないものです。智慧がある場合は、どんなに人からバカにされても悪口を言われても、怒りの種が心のなかにないので、平然としています。それが悟りの境地です。

不善心所は十四種類に分類されていますが、これらが一度に一瞬にして消えてしまうわけではありません。不善心所にもいろいろな性質があって、消えやすいものや頑固で消えにくいものなどいろいろです。

そのなかでもいちばん頑迷でなかなか消えない不善心所は〈痴（Moha）〉です。これは愚かさ、無知のことで、有名な仏教用語である〈無明（Avijjā）〉と同義語です。智慧と正反対の特徴をもっていて、物ごとをありのままに見ない、という心の働きなのです。〈痴＝無明〉は、不善心所のなかでも最後まで残るものです。

ふだん私たちは怒ったとき、相手のいいところはぜんぜん見ようとしません。夫婦喧嘩をしたときなど、奥さんはご主人の、ご主人は奥さんの悪いところばかり見ます。そして、「ぜんぶ相手が悪いのだ」といって、悪口を並べ立てます。それはまさしく〈痴〉の働きです。いいところを見ないようにして、怒りにつなげていっているのです。

また人に対して甘えてみたいときや欲望をかなえてもらおうというように、むさぼる心が起きた場合も、「あの人はかわいい、すばらしい」と言っていいところばかり見て、相手の欠点や不正さえも見ないで済ませようとします。そのように正しく見ないのが〈無明〉の働きです。

それに対して〈智慧〉は、物ごとすべてを正しくありのままに観る働きです。したがって、智慧と無明は両立しません。智慧が現れてくると無明は消えてしまうのです。

悟った人には、煩悩は一切存在しないのです。

ヴィパッサナー瞑想は善い心のエネルギーを育てる道

難しい仏教用語を並べたようですが、そんな言葉に捉われることはありません。「ヴィパッサナーはただ漠然とやる瞑想ではなく、きちんとした理論のある瞑想だ」ということをお話ししたかっただけですから。それは迷信のようなわけのわからないものではなく、具体的で明確な教えなのです。私たちはこの瞑想実践で、二十五種類の善心所を育てます。「ヴィパッサナーは、いい心のエネルギーを育てる道だ」という説明をしたかったのです。

お釈迦さまは、ご自分の教えが宗教だ、ということは一切仰っていません。「教え」という言葉を使っておられますが、〈仏教は宗教というよりも、いろいろと世のなかにある理論的な教えのひとつ〉というように解釈したほうが、理解が早いと思います。その教えの内容は極めて明快で、理路整然としています。

たとえば、「貪という心所をなくすためには、施（不貪ともいいます）という心所を育てればいい」というのです。「そういう善心所を育てると、貪という不善心所はなくなる」と教えます。

施とは与えるという意味ですが、単にものをだれかにあげるという意味ではなくて、心にそういう波動をつくることです。それが心所です。私が欲しかったものをだれかからいただいたとすれば、私は助けられます。そして、私はその人のことをとても大切な人だと思うようになります。つまり、私とその人の心がつながって大きくなっていくのです。それは施という、何かをあげるという心の波動が拡がった、ということになります。

そういうエネルギーをどうやってつくればいいのでしょうか？　やはり、具体的に何かをあげるのがいい方法です。自分のもっているものを皆と分かち合おうという気持ち、自分だけのものではないという気持ちが施です。自分のものを自分だけのものだと思わないことです。

そういうケチな気持ちは心を小さくする悪しきエネルギーです。「皆で使いましょう」という気持ちで行動していると、どんどん施しの力が生まれてきます。そのように善心所を実践する方法はたくさんあります。

私がここでいちばん言いたいことは、清らかな心の波動を拡げることがとても大切だ、ということです。高価な食事をして一所懸命身体のことを考えても、身体は大して成長するわけでもないし、栄養価のあるものをたくさん食べたからといって、それほど背が伸びるわけでもない。また美容食を摂ったところで、目を瞠（みは）るような美人になるわけでもないし、生まれもった姿形は大して変わりません。歳を取ることを防ぐこともできません。だから、肉体よりも心を育てることのほうが、ずっとずっと大切なことなのです。

他人に無視されて生きることは、人間にとって途轍もなく寂しいものです。しかし、元気で心から清らかな波動を出して生きていると、自分で好むと好まざるとにかかわらず、人から好かれて、人とつながって、どこまでも拡がっていくことになります。

こちらが清らかな気を出していると、不思議なことに、相手の心も自然と清らかな波動に変わっていくのです。

II “サティ《気づき》”がなければ真の幸福は得られない

ものはまったく頼りにならない

皆さんは、生きるということはいったいどういうことであると考えているのでしょうか？ もちろん、皆さんはすでに初期仏教を学んできた人たちでしょうから、生きることの意味についてはそれぞれ真理の面から摑みとっているでしょうが、ふつう一般にはこう考えられているようです。つまり、「生きるということは、さまざまな業績をつくったり、いろいろなものを集めたりすることである」というのです。ですから人間は、それこそ懸命になって、ものを集めたり業績を集めたりして生きています。

ものというのは、財産であったり家とかクルマであったりとか、また子供など子孫を意味する場合もありますが、いずれにせよ「物資が豊かであることが幸せである」と考えるのです。また、業績というのは一般には仕事であり、学術的な業績なども含まれますが、それは言い換えれば人間の社会的地位を意味しているのです。とにかく、人間はこの二つについて、その向上と発展を目的に生きることが幸せである、という概念があるのです。

ところがお釈迦さまは、「いくらものをたくさん集めても、何ひとつ自分の助けにはならない」と仰いました。「アッター・ヒ・アッタノー・ナッティ（Attā hi attano n'atthi）」というパーリ語の重要な言葉があります。直訳すれば、「自分には自分さえもないのだ」という意味です。「自分がないのだから、ましてや自分を助けてくれるような頼りになるものなどは何ひとつないのだ」というのです。ものどころか、人が頼れるような超越的な存在もないのです。

「自分には自分さえもないのだ」ということは、「何か頼るものを外に探すな」という意味です。人は、そういう真理をきちんと理解することによってだけ、自分のなかに頼れるものを見いだすことができるのです。それ以外に、本当に頼りになるものなどは、何もありません。

お金や、自分の業績や、家や、宝石や、皆が大切にしているいろいろなものは、結局何の頼りにもならない、という真実を、しかし人はなかなか認めたがりません。そういうことは信じたくないのです。やはり、「いざというときには、お金が頼りになるのではないか、親戚が頼りになるのではないか」と考えるのです。特に歳を取ると、たいていの人は貯金をします。結局それは、「お金がいちばん頼りになる」と思っている証拠でしょう。しかし、そんなにもお金は頼りになるのでしょうか？

東日本大震災を見てください。マグニチュード9の地震のあとに東日本の太平洋側を襲った巨大津波によって、一万五千人以上の人々が命を奪われたのです。かつて技術大国日本を象徴していた、絶対の安全性を誇った原子力発電所もあえなくメルトダウンを起こし、何万人もの周辺住民が長い期間の避難生活を強いられることになりました。日本社会はいまだに東日本大震災の痛手から立ち直っているとは言えないと思います。そういう現実が目の前で進行中なのに、なお私たちはまだどこかで、「ものが大事だ、ものが頼りになる、ものが助けてくれる」と思っているのです。

「あんなにひどい地震は、神さまのお怒りにちがいない」と言う人もいるかも知れませんが、そんなはずはありません。もしそういう力のある神さまがおられるのなら、またあっという間に街をつくることもできるはずです。震災で亡くなった方々を元通りに生き返らせてくれるはずです。でも、そういうことは決して起こりません。〈単なる自然現象によって、私たちは生活や人生を根こそぎ奪われることもあるのだ〉ということを認めなくてはならないのです。

〈何ひとつ頼りにならない〉ということが、自然の法則なのです。

自分の身体も知識もまったく頼りにならない

同じように、私たちの身体もまたまったく頼りにはならないのです。いくら運動をして食べものに気をつけて規則正しく生活していても、いつ死んでしまうか自分でも分からないでしょう。ある日突然、自分自身の細胞が自分に逆らってくることさえあるのです。「たいていの人のＤＮＡのなかには、癌になるようなプログラムのミスがある」と聞きました。自分の細胞のなかにそういう欠陥があるならば、どこにも逃げることはできません。

自分自身の身体さえ頼れないのですから、人間はその一生を何かに頼るという生き方だけはしてはならないのです。何にも頼ってはいけません。頼れば頼るほど失望の繰り返しとなり、最後は挫折感に見舞われる羽目になるのです。何かに頼ったりせず、何にも頼らない強い心をつくることが、仏教でいう解脱なのです。

しかし残念ながら、人間の心は弱虫です。弱くて、いつでも不安なのです。人はその不安から何とか抜け出したくて、ものに頼ろうとします。そして、懸命にいろいろなものを集める。でも、いくらものを集めても、結局〈私のもの〉ではないことに皆さん気がつかない。この世には、本当に自分の自由になるものなど何もないのです。

ものだけではなく、人は生きることさえ自分の自由にできません。皆さんご大層に「私が、私が」などと言っていますが、本当に好きなように自由に生きている人がいるでしょうか？　だれひとり自由に生きている人などいません。いつのまにか、だれかが決めた生き方に従っているだけです。決められた時間に寝て、決められた時間に起きて、決められたときに決められたように食べているだけでしょう。それを偉そうに「自由だ、幸福だ」などと言ってますが、いったいどこがそんなに自由でしょうか？ 本当に自由であるならば、食べることくらいは自分の好きなように食べればいいのに、食べる時間も食べ方も、ぜんぶ決められたやり方に従っています。

結局、人は不安なのです。「決められた方法で食べないと、叱られたり、変な目でじろじろ見られたりするのではないか」と心配して、びくびくしながら生きているのです。自分のアパートがあって、「これは私の部屋だ、私の城だから私の自由だ」といっても、少し大きな音で音楽でも聴いたらすぐに隣りの人が文句を言ってきます。大家さんに「出て行け！」と言われてしまいます。「私のものだ、私の自由だ」といっても、結局その程度です。

とはいっても、「自分の考えや知識は〈私のもの〉だから自由だろう」と反論する人がいるかも知れません。しかし、そうでしょうか？ 何でもかんでも自由に考えて発言していくと、またどこかに批判されたり攻撃されたりします。発言内容によっては、社会から追い出されてどこかに逃げなければならなくなってしまいます。

また、自分の知識は〈私のもの〉だと思っていても、その知識は毎日減っているのです。毎日毎日知識を積み重ねていったら、皆さんは途轍もない偉い知識人になっているはずなのに、ぜんぜんそんな気配はありません。結局人間は、どんなに勉強したところで大同小異、たいして変わるものではないのです。なぜかと言えば、勉強をして知識を頭に詰め込んでも、知識はどんどん消えてしまうものだからです。もし毎日勉強することをやめたら、知識が消える一方になって、何も知らないバカになってしまう。それを防ぐことはできません。人間の頭は知識がどんどん抜けていってしまうようにできているのです。

そのなかで私たちは〈私〉という概念をつくって、「私がここにいる」「この私を守るためには、いろいろなものが必要だ」といって、必死で苦労してがんばっている。でも、そうやって一所懸命にがんばっても、いろいろ苦労するだけで、結局何ということもなく死んでしまうのです。

これは非常に残酷な事実で、私たちにとって気分のいい話ではないのですが、元来、本当の話というのは面白くないものなのです。気分が良くなる面白い話は、たいていは嘘の話と思って間違いありません。

お釈迦さまは「固定観念を洗い流して、世界を新しい目で見てください、ありのままを見てください、頼ることができないものに頼ってはいけません、執着してはいけません」と仰っているのです。

ものがたとえ頼りになったとしても、それは束の間のことです。水を飲むときに紙コップが役に立つからといって、紙コップをカバンに入れて持ち歩く人はいません。もしもそういう役に立つものをすべて持ち歩いていたら、ゴミだらけのなかで生活しなければならなくなります。また、電車でいろいろな所に行けるから電車は頼りになるといっても、電車に住むわけにはいかないし、どこかへ行くときにちょっと頼りになるだけです。ちょっと役に立てばそれで終わりです。

すべての〝もの〟はそれだけの価値にしか過ぎません。だから、ものに頼ることをやめて、ものから離れることを学ばなくてはいけません。

豊かになればなるほど苦しみが増える

もう一つ私たちは、豊かになればなるほど苦しみが増す、という事実に気づくべきです。

ふつう人は、「高価なものがたくさんあればあるほど、幸福な生活である」と思っています。でも、本当にそうでしょうか？　では、部屋数が二十もある大きなお屋敷に住んでいるとしましょう。「すばらしい、格好がいい」と思う人もいるかもしれませんが、実際は大変なのです。掃除やら、電気代やら、庭の手入れやら、家の管理など、苦労このうえないことになってしまいます。

家のなかに高価な装飾品があればまた掃除によけいに気を使うし、百円や二百円のものを壊してもどうということはないけれども、何十万円のものを壊したり、壊されたりすれば、それだけで大変なストレスになります。もしも何億円もする芸術品を壊したとなると、死ぬほどの苦しみを味わうことになってしまう。壊されたりしたら、「殺しても飽き足らない」と思うかも知れません。豊かになればなるほど、その豊かさの大きさに比例して、苦しみも多いのです。

それに、不自由にもなっていくのです。ちょっと旅行するときでも、警備会社に家の管理をいろいろ頼んだりしなければなりません。もし泥棒が入ったりすれば、旅行どころではなくなってしまいます。すべてが不安と苦しみの種です。

そういう悲惨な結果が待ち受けているというのに、人間は「高価なものを自分のものにしたい、集めたい」といつも願っているのです。役にも立たないが、好きなもの、高価なものを集める癖がある人々は、死ぬときはすべて捨てて死ぬのに、この癖だけはやめられないのです。

突然、ネズミのことを思い出しました。人間も動物も、何かを噛むならば、噛んだものは食べるのです。しかしネズミは、食べるわけではないのに、紙、服、木製品などを噛むのです。食べないから、屑が残ります。ネズミが食べるものは別にあるのです。とはいえ、ネズミには歯が伸びるので噛み続けなくてはいけないという理由があります。人間が役にも立たない好きなもの、高価なものなど集め続けることには、ネズミの行為ほどの意味もないのです。

幸福ということについて少し考え直してほしいと思います。東日本大震災がもしもどこか未開発の国々で発生したならば、あれほどの大被害になったでしょうか？　たぶんあれほどたくさんの人々は亡くならないでしょうし、建物の損害もそれほどではなかったはずです。人々の苦しみも少ないでしょう。東日本大震災の場合は、究極的と言っていいほど贅沢な暮らしをしていた「先進国」の人々が、一日にして水も飲めない状態になってしまったからこそ大変だった、と言えるでしょう。

誤解してほしくないのですが、どちらの方がいいとか悪いとか、そういう話ではないのです。豊かさによる幸福は苦しみと裏腹だ、ということです。寒さにしても、暖房を使って暖かくして暮らしていて冬などまったくないような生活をしている人々が、一日にして自然の厳しい寒さにふれたら、相当苦しい体験でしょう。それは別に贅沢がいけないと言っているのではありません。「幸福とは何なのか、もう一度、これらの事実を前提に考え直してみてください」と言いたいのです。「大切なものは、ものではなくて、もの以外のところにあるのではないか」と気づいてほしいのです。

身体を直すには心を直すのが早道

お釈迦さまの教えは、私たちの心を清らかにする方法です。心が清らかになって心が強くなれば、すべての問題の解決方法が見つかる、という教えです。

ところで注意深くみると、私たちの心はとても穢れていることが分かります。すべてのものは汚れたら使いものになりません。服でも汚くなったら着られないし、鉄もさびてしまったら使えません。だから、どんなものでも汚れたらきれいにしなくてはいけない。心も穢れたらきれいにしなければならないのです。

私たちは、まず健康が大切だといって身体の維持に懸命になっていますが、本当は身体よりも心を健やかにしようと努力するべきです。この世界には物質的エネルギーと精神的エネルギーがあります。物質は時間・空間に制約されていますが、精神（心）は時間・空間の制約を受けません。心も物質と繋がりを持ったときには物質を通して時間・空間の制約を受けますが、本来心は時間・空間とは関係がないエネルギーなのです。心はすべてを支配しています。しかし、私たちの心も身体によっていろいろと制約されています。それでも、その心によって私たちの身体は完全に支配されているのです。ですから仏教では、まず心を整えよう、というのです。

「心がすべてを支配している」と聞くと、疑問に思われるかも知れません。でも、ちょっと観察してみてください。身体を動かすとき、腕を曲げるにしても、歩くにしても、まず心で、「腕を曲げたい」「歩きたい」と思って、それから身体が動くのではないでしょうか？　心の命令で体は動いています。心に逆らった動作を身体にさせることは至難の業です。立つという単純な動作にしても、自分の心が立ちたいと思えば何のこともなく立てるのに、だれかが無理に立たせようとするとぜんぜん立てません。失神状態の人を立たせようとしたら、柱にぐるぐる巻きに縛っておかないと倒れてしまいます。柱にぐるぐる巻きに縛っても、ちゃんと立たせることはできないでしょう。

心がどれほどこの身体という物体を支配しているか、ということを理解してください。私たちのどのような動作も、心からはじまっています。ロウソクの火に手をかざすと、「熱い」と思ってすぐに手を引っ込めます。そのときも、まず心が動いて、それによって手をさっと引っ込めているのです。

気分も心に支配されています。心が楽しくなったら身体も楽しくなって軽くなります。軽快になって、踊りだしたりすることもあります。心が悲しくなったら、身体もだるくなります。身体は悲しくはなりませんが、だるくなって動きが鈍くなってしまいます。

身体を整えることには限度があります。いくら清潔にするといっても、洗いすぎて完璧に清潔にしてしまったら、病気になってしまいます。運動をやりすぎたり、食事に神経質になりすぎたりしても、また病気になります。また、どんなにがんばっても、身体は必ず老化していきます。私たちに肉体の老化を止めることはできません。身体をコントロールして、自分の状態をよくすることには限界があるのです。

ですから、私たちが自分の状態を直すためには、心を正すのが早道、ということになるのです。皆さんは、「まず身体を気持ちよくして、それから心を楽しませよう」とすることがよくあります。踊りに行く、音楽を聴きに行く、おいしいごはんを食べる、環境を変える、おしゃれをするなど、ありとあらゆることをして心を楽しくしようとします。でも、身体にはいろいろな制約があります。せっかく踊りに行っても無理をして踊りすぎたら、疲れ果ててへとへとになってしまいます。おいしい食事だって、食べ過ぎれば気分が悪くなってしまう。そういうことで楽しくなるのは、ほんの少しだけです。ちょっと楽しくなっても、心はすぐに元に戻ってしまうか、かえって疲れたり苦しくなったりしてしまうことは、よくあるでしょう。

ですから、外面的なことはどうでもいいことなのです。心を清らかにしておくことこそ大切なのです。心を清めて、心が軽く楽しくなれば、身体は後からついてくるのです。そこで仏教では、「心を清らかにしなさい、心を洗いなさい」というのです。心の洗濯のススメです。

気づきがないから心が穢れる

でも、心は物体ではありませんから、洗濯機に入れて洗うことなどできません。では、どうすれば心を洗うことができるのでしょうか？

心をきれいにするためには、まず心はどのようにして穢れるのかを知らなければなりません。いったい心はなぜ穢れるのでしょうか？　実は、心は心自身の働きによって穢されているのです。自分で自分を穢しつづけているのです。

具体的には、目で何かを見たとき、耳で何かを聞いたとき、鼻で何かのにおいをかいだとき、舌で食事を味わっているとき、身体が何かに触れたとき、そして何かを思ったり考えたりしているときに、心は穢れてしまうのです。つまり、眼・耳・鼻・舌・身・意という仏教の言葉がありますが、その六つの感官を媒介として心は穢れているのです。

そこで仏教では、「心が穢れないように心に安全弁とも言うべきバルブを付けておきましょう」というのです。その安全バルブを付ける方法が、ヴィパッサナーです。具体的にはサティ（気づき）

を働かせること、自分の状態に気がつくことです。

何かを見ていること、それ自体はいいのです。問題となるのは、見ることによって心が穢される、というときです。心が穢れないようにするためには、ちょっとしたバルブを付けておく必要があるのです。それがサティです。

サティは、英語ではアウェアネス（awareness）あるいはマインドフルネス（mindfulness）と言いますが、日本では「気づくこと」と訳します。自分に気がつくことは、先ほどの眼・耳・鼻・舌・身・意という六つのチャンネルからの情報によって心が穢れないように、バルブを付けておく方法です。心を穢すような情報を心に入れないようにすればいいのです。

皆さんは自分に気づくということの重要性をご存じないので、よく分からないかも知れませんが、気づくというのは非常に大切なことです。何かを見ているときでも、きちんと気づいて見ていれば、心は穢れません。何かを聞いているときや、味わっているとき、さわっているとき、考えているときなども同じです。きちんと気がついていると、心は穢れないのです。気がつくということは、それほど大きな効果があるのです。

そこで、どうやってきちんと気づくことができるかという方法を、ヴィパッサナー瞑想で徹底的に教えようとしているのです。

きちんと気づくということがどういうことか、ふつうの人は習ったこともありませんし、ぜんぜんできていないのです。ですから、バルブを付けずに何でも無防備に見たり聞いたりして心をどんどん穢し、心を混乱させて、問題や悩み事をつくっています。そして、自分がいったい何をしているのか分からなくなって、迷ってしまっているのです。

サティがないから心の渇きがいやされない

私たちは何を見たらいいのか、何を聞いたらいいのか、何を食べたらいいのか、ほとんど分かっていません。分からないままに、いろいろと探し求めています。そして、何を見ても物足りなくて、さらに見たくなる。何を聞いても物足りなくて、さらに聞きたくなる。食べることも、さわることも、考えることも、すべて同じです。

いつでものどが渇いているような状態です。のどが渇いていると、とても苦しいでしょう。そこで何とかしたいと思って、いろいろと探し求めていく。何を探し求めていくかというと、目で見えるもの、耳で聞こえるもの、舌で味わえるもの、身体で感じるもの、心で考えられるものなどを探し求めていくのです。「私はそうではありません」と言う人がいるかも知れませんが、よく考えてみてください、皆そうなのです。

私たちは結局そういうものを探し求めているのです。

音楽を聴きたいと言ってコンサートに行ったりする。それは音を聞くだけではなくて、目でも演奏する人を見たい、さらに皆でいっしょに踊ることもしたいのではないでしょうか？　いろいろな感覚を求めているのです。どうしてそれほど見たり聞いたり感じたりしたいのか、というと、心が渇いているのです。心の渇きをいやしたいのです。

一所懸命に探し求めて、いくら見ても聞いても、物足りないのです。だから、次々に探し求めて、いつまでも満足感はありません。本当に満足できれば、さらに見たり聞いたり感じたりする必要はなくなるはずです。

それは、のどが渇いているときに水を飲むことを考えれば、よく分かることでしょう。いくらのどが渇いていても、水を二、三杯飲めば十分満足して、飲む必要はなくなります。渇きがいやされた直後は、さらに飲み物を探したいという気持ちにはなりません。だから、肩から水やジュースをいっぱいぶら下げて歩いている人はいないのです。水を飲んでのどの渇きが収まったら、一応そのときは満足しているからです。

私たちは、目で見るもの、耳で聞くもの、鼻でかぐもの、舌で味わうもの、身体で感じるもの、考えたりする対象、それらを探し求めて、死ぬまで探し求めています。死ぬときでも、「まだ死にたくない、まだ生きていたい」と満足感を得ていないのです。まだ渇いた状態がいやされていないのです。

いったいこれはどういうことでしょうか、渇いた状態が死ぬまでつづいているというのは？　それは、本当に求めているものをまだ手に入れていない、ということになるのではないでしょうか？　のどが渇いているのに、本当に満足する水を飲んでいないのです。それで、満足する水を一生探し求めて苦しんでいるのです。のどが渇いて死にそうなときに、何を食べても、薬を飲んでも、踊りを踊っても、だれに相談しても、かえって苦しくなるばかりで、ぜんぜん楽にならないのです。それが、水を一杯飲めば、すっと楽になるのです。

だから、生まれたときからずっとしている生き方――目で見えるもの、耳で聞こえるもの、身体で感じるものなどを探し求めつづけている生き方――について、考え直してほしいのです。

仏教では、「あなたはまだ本当には何も見ていない、何も本当に聞いたことがない、何も本当に味わったことがない、何も本当に感じたことはない、まだ本当にはっきりと何かを考えたことがない、だから渇いているのだ」と教えます。それで、ずっと渇いた状態がつづくのです。何かを見たい人が、本当は何も見ていなければ、見たいという気持ちはずっとつづきます。

どういうことかというと、サティがないのです。見ているといっても、ただボーッと漠然と見ているだけです。

心が混乱しているから何の情報も得られない

皆さんはいまこの本を読んでいますが、実は本当には読んでなどいないのです。本当に読むということは、本の活字と一体になって、自分という存在が消えてしまう状態のことです。ところが皆さんは、読むことに集中などしていないでしょう？　その証拠に、活字を目で追いながら頭のなかではすぐにいろいろなことに気を取られてしまって、読むことに集中できていないはずです。活字を追いながら、ついつい何か他のことを考えたりしているでしょう。他のことを考えた瞬間に、心はよそへ行ってしまっているのです。そうすると、本の中身などは心のなかにきちんと入らないので、理解できなくなります。そして、眠くなったり疲れたりします。せっかく何かを得たいと思って読んでいるのに、本当に読むことができないのだから、とても満足は得られません。渇いた状態は消えないのです。

こういう法話などは、そんなに何度も読まなくてもいいのです。真理はひとつなのですから、本当に理解したならば、一回読めば十分です。でも、だれも本当には読んでいないので、何度読んでも満足できません。そこで、テーラワーダの話、キリスト教の話、天理教の話などと、いろいろな話を何冊でも読もうとします。しかし、いろいろな法話を読んだから真理が納得できたかというと、ぜんぜん納得していないのです。本当は読んでいないのだから、心から納得することはできません。

何かを見るときも同じです。ぜんぜん見ていない。美術館に行ったとしても、せっかく絵を見に来たのだから絵を見ればいいのに、これは何年に描かれた絵だとか、この絵のタイトルは、作者は……などと言って、ぜんぜん絵を見ていない。パンフレットを見ながら絵と照らし合わせて、「これはこれだ、これはこれだ」とただ確認することだけを喜ぶようにして回っている人もいます。絵をしっかり見て何かを感じ取ることが大切なのであって、タイトルや年代などという余計なことはどうでもいいことではないのでしょうか？　そういう人は次の有名な展覧会がはじまると、まるで義務感に駆り立てられるようにして、また別の美術館に行く。そして、実際に絵を見ているのかというと、見ていないのです。

つまり、サティをしていない、バルブを付けていないのです。目で何かを見ていても、サティがないので、いろいろなことに気を取られてしまうのです。見るときは見ることだけに集中し、対象と一体になって見ればいいのですが、音が聞こえたり、どこかがかゆくなったり、何かを考えたりして、すぐに心があちこちに移ってしまうのです。感覚がコントロールされていないと止めどもなくいろいろな情報が入ってきて心をかき乱すので、心はひどい混乱状態です。心が混乱している状態では、心は穢れていくばかりで何もできません。

水は静かに流れていればとても役に立ちますが、洪水や濁流のように暴れ回っている水は、役に立つどころか災害のもとです。火も適度にコントロールされればすばらしい働きをしますが、コントロールされていない火は大火事になって人を苦しめます。電気でもガスでも、エネルギーと言われるものはすべてコントロールされていなければ大変なことになるのは、経験上よくご存じだと思います。

同じように、人間の心もきちんとコントロールされていなければ、悩み苦しみのもとになるのです。それを一般の人たちは、「心に情報が入りたい放題に入ってくれれば、それはそれでいいじゃないか」などと勝手に考えている。その証拠に、いろいろ見たりさまざまに聞いたりして、人よりたくさんの情報を仕入れたつもりになって、喜んでいるのではないでしょうか？　しかし、その得意満面の人に、いったいその情報の本当の意味、どう役に立つのかを聞いてみると、さっぱり要領を得ない。例を出して申しわけありませんが、この本をそんなふうにして読んでいる皆さんに、ここまでの内容を聞いてもよく説明できないのと同じことなのです。

別に私は皮肉を言っているのでも、怒っているのでもありません。人間であれば、みんな同じです。私も同様で、人の話などだいたい聞いていませんから。

それは、心が混乱状態にあるからに他なりません。落ち着いて心をコントロールして、きちんと情報を整理してみてください。「これは目から入った情報」「これは身体から入った情報」ときちんと知っておいてください。それだけで心はきちんと統一されて、浄化されて、力強くなります。その結果、人間の想像を絶する力を発揮するようになるのです。

サティで生まれる集中力

「いまここで、この本の三〇ページ分を暗記してください」と私が言っても、皆さんは「そんなこと、できるわけがない」と思われるに違いありません。しかし、このバルブを付けて、サティを働かせてやってみると、面白いように、ぜんぶそのまま頭に記憶されます。三〇ページ分くらいのことは、完全に憶えることができるのです。

私が学生のころ、ノートを買うお金がなかったので、とにかく一所懸命に講義を聞いてみようと思って聞いてみました。一所懸命に聞けば、ぜんぶそのまま、別に苦労することもなく順番にきれいに頭に残ります。だから、私は勉強する必要もなくなって、自由時間もたくさんできて、快適な学生時代を送ることができました。

日本語を勉強するときも、同じようにしました。単語を憶えたり文法を憶えたりというややこしいことなどいっさいせずに、注意深く聞いてその場で憶えてしまったのです。日本語の授業などはほとんど受けていません。そういう工夫をすれば、勉強も楽しいものになります。

講義を聞くことに集中するときは、私は徹底的に安全対策をして、感覚にバルブを付けます。バルブを付けた私にだれかが話しかけても、ぜんぜん聞こえません。もしだれかが無理に話しかけようとして私をこづいたりしたら、私は相手がだれであろうと構わずに、殴ってしまうかも知れませんよ。というのも、バルブを付けたそのときの私には、相手の存在などまったく意識にないからです。講義を聞いている、ただそれだけです。

そのときは世界中が真っ白になって、講義の声以外の音はぜんぜん耳に入らないのです。そういう状態で聞くと、講義の内容はそのまま完璧なかたちで憶えているのです。

でもこれはあくまでも、バルブを付けてサティの状態になった結果としての分かりやすい実例をあげただけのことで、本当はこういうことは余りやらないほうがいいかも知れません。と言うのも、人間はあまりたくさんのことを憶えると、かえって頭のなかにややこしいものがたまることになりますから、頭のなかはすっきりときれいにしておいた方がいいのです。だから長い間、何かを丸暗記するようなことはしていません。かつて勉強をしたときに、そういうことをしたことがあるだけです。むやみにいろいろなことをぜんぶ憶えてしまうと、またかえって大変なことになってしまいます。

とにかく本当によく聞くならば、完全に憶えられます。本当によく見るならば、完全に憶えられます。味でも本当によく味わえば、すぐに細かく憶えられます。「フランス料理のシェフになるには十年間修行をしないといけない」などと言いますが、そんなことはありません。一ヵ月くらい本気で集中して勉強すれば、一流のコックになれると思います。しかし、だれもそこまでまじめに真剣に勉強する人がいないだけのことなのです。だからみんな長くかかりますけれども、それほど大変なことではないと思います。

問題は、私たちには受け取る情報をきちんとコントロールする能力が欠けている、ということなのです。私たちは頭のなかにただ勝手に情報が入るにまかせているだけです。つまり、だれもきちんと生きていない、ということです。ただバカみたいに、そこにいるだけなのです。ですからお釈迦さまは、私たちの状態を面白い言い方で表しておられます。「あなた方はみな死んでいるのです」と仰って、「サティを実践している人だけが不死です」ともつけ加えているのです。

サティの実践がお釈迦さまの遺言

お釈迦さまの遺された詩偈のなかに、アッパマーダ（Appamāda）という大変重要なパーリ語の言葉が使われています。この言葉がなぜそれほど大切かと言うと、これはお釈迦さまの遺言に含まれている言葉だからです。日本ではふつう「不放逸」と訳されていますが、正確には「はっきり物ごとを知っている状態、サティがあること」という意味です。ですから、お釈迦さまの遺言をパーリ語から直訳しますと、「サティをもってがんばりなさい、自分に気づくことに一所懸命精進してください」という意味になるのです。日本語では「放逸ならずして、おこたらず精進せよ」と訳されていると思いますが、少しニュアンスが違います。皆さんもこの〈アッパマーダ＝気づきのある状態〉という言葉はぜひ憶えておいてください。

お釈迦さまはサティの実践をとても大切に考えておられたのです。ですから古いお経を見ると、どれを見てもサティの実践方法が書いてあります。日本には残念ながらこのサティの実践、気づきの実践ということが、あまり伝えられていないようです。

とにかく私たちは、見たり聞いたりしてもまったくコントロールせずに、心がその情報に荒らされるままにまかせています。自分では何もしていないのですから、生きていない、つまり死んでいるのと同じである、と言ってもいいのです。ですからお釈迦さまは、「いまの状態は死んでいることと同じだ、ということに気づいてください。自分で生きてください。自分できちんとコントロールしてください」と仰っているのです。ヴィパッサナーの実践は、そのための方法なのです。

ただ目に入るものを見るだけではなくて、きちんと正しく確認する。耳から入る音もきちんと確認する。身体に触れるものもきちんと確認しておく。そのようにしてはじめて、人は生きていると言えるのです。ただ社会の刺激や情報に踊らされて流されている人は、きちんと生きているとは言えません。「みんなが見るから見よう、みんなが聞くから聞こう、みんながおいしいと言うのだからおいしいのだ」などという付和雷同型の人間が多いのです。

ずいぶん昔の話になりますが、一九九三年に冷夏の影響で日本が米不足に陥った際、輸入されたタイ米がまずいと評判になったことがありました。そのとき、タイ米はまずいと言っている人に、

「食べてみたのですか?」

と聞いてみたところ、

「食べたことはないんだけど」

という堂々たる答えが返ってきました。結局、その人は他人の話に振り回されているだけだったのです。

　サティする、気づくということは、たとえば何かを見て、「私はバラを見ている」「モネの絵を見ている」などと思うことではないのです。かえってそれは妄想なのです。そうではなくて、ただ〈見ている〉ということに気づくことなのです。何かを聞いているときも、「これは演歌だ、猫の声だ、電車の音だ」とかいうことではなく、ただ「音、音」と確認するのです。食べているときも、ビフテキであろうとお蕎麦（そば）であろうと、また美味（おい）しかろうと不味（まず）かろうと、ただ「味わっている、味わっている」と自分の状態を確認する。苦（にが）みであろうが、甘みであろうが、そんなことはどうでもいいのです。ただ〈味わっている〉という自分の状態を確認するのです。

　いろいろな価値判断をしないで、事実だけに気づいていくのです。でも、価値判断をしないということが仏教の目的ではありません。価値判断など必要なくなるほど高いレベルに行かないといけないのです。ただ価値判断をしないだけという生き方ならば、どんな愚か者にもできるでしょう。でも、仏教で目指しているのは、そんな生き方ではありません。すべてのものごとを高いレベルから見て、何ものにも捉われない自由な心で生きることが目的です。すべてを超越した生き方なのです。

楽しさはほんの一瞬の錯覚

サティのない人は、いいことには執着し、悪いことは忘れようとします。そして、いいことだけ憶えていて、

「生きていてよかった」

「人生とは楽しいものだ」

などと簡単に判断しています。でも、それは錯覚にすぎず、正しい判断ではありません。

生活を正しく知るためには、もっと細かく観なければなりません。たとえば、一日二十四時間、一分ごとに楽しかったか苦しかったか評価してみてください。そうすれば、一日のうち楽しいということはほんの一瞬で、ほとんどは苦しいことばかりである、という現実がよく分かることでしょう。

それでも人間は苦しいことは考えず、ちょっと友だちと会って楽しかったことだけを執拗に憶えていて、「ああ、今日は楽しかった」と思いこみます。一ヵ月間ずっと仕事で苦労して、残業をさせられたり、上司に叱られたりしてひどい目に遭っていても、給料日になるとぱっと苦労を忘れてしまうのです。

でも、それは正しい評価ではありません。本当に、正確に、具体的に、合理的に人生を知りたければ、一日だけでも、一分ごとに、本当に楽しかったか楽しくなかったかの統計を取ってみてくだ

さい。「うまくいくと楽しい」「失敗するといやだ」「いまは気持ちがいい」「いまはつまらない」ときちんと観てみると、間違いなくイヤなこと、苦しいことの方が多いのです。

お釈迦さまは、

「楽しさというのは、チラッチラッと、ほんのかすかにあるだけだよ」

と仰るのです。人間という生きものは、ほんのかすかな楽しさでも、それがかすかに楽しかったら、山のような苦しみは忘れてしまうのです。でも、いくら楽しいと錯覚していても、心は本当は長く苦しんでいるのですから、やはり悩みや問題が出てきます。そして、苦しくなってしまいます。

ですから、本当に幸せになるためには、サティをするしかないのです。サティを実践して一瞬一瞬きちんと生きられるようになれば、苦しみも悲しみもひとつひとつ消えていくのです。お釈迦さまが『大念処経（Mahāsatipaṭṭhānasutta）』で仰っていることです。

たとえば、身体のどこかがひどく痛いとき、人はとても苦しいと感じます。でも、ただ単に瞬間の痛みそのものを観ると、どうということはありません。それについていろいろ妄想をすると、痛みは大きくなってしまいます。正しくありのままに「痛み」と観れば大したことがないことを、大げさにしているのです。

ですから、サティの実践をすればするほど、本当に幸福になることができます。物ごとがスムーズに流れるようになります。すべてのことをきちんと合理的に客観的に理解しているので、そこから生まれる確信というか自信というものは、並大抵のものではないのです。サティのない人々はみんな混乱状態のなかで、確信をまったく持てないまま、ただワアワアと騒いで生きています。サティをしてきっちりと生きている人は、落ち着いて全体を把握しているので、たとえばみんなが一週間かかってやる仕事でも、ぱっと瞬間にこなしてしまうのです。

仕事をするのが遅い、スローモーだという人は、自分はのんびり屋だとかゆったりと生きている、などと言って澄ましていますが、事実はその仕事にきちんと心が入っていないだけなのです。仕事を把握できていないのです。そういう人をよく観察していると、必ず仕事中に他のことを考えていたり、気が散っていたり、妄想の遊びに興じていたりしているのです。仕事が上の空の状態なのです。

もしサティをしてきちんとものが見えているならば、どう対応すればいいかがサッと分かるのです。たとえ失敗しても、

「これで失敗したのだから、次はこうすればいいのだな」

と、きちんと理解します。いまやっている仕事などサッサと簡単にこなし、次の目的に向かってどんどん前進しているのです。

心がいつも落ち着いていることが真の幸福

心が混乱している人が「ディスカッションをする」などといって喋っているのを聞いていると、相手の話を聞いていません。皆自分勝手に言いたい放題に喋っているだけです。だから討論はただ混乱するだけで、そうではない、ああではない、とまとまりがつきません。

そういうときに、サティをしながら静かに話を聞いてみてください。全体像がすぐにつかめます。

「この人は自分勝手に感情で喋っている」
「この人は自分勝手にこう喋っている」
「話はこうなっているけれど、お互いにぜんぜんかみ合っていない」

などとよく分かります。

ヴィパッサナーの智慧があれば、いとも簡単に物ごとがよく見えるようになります。実に面白いのです。結局のところどうすればいいのか、すぐに答えを出すことができます。

現代社会は情報がありすぎて、みんな自分がどうすればいいのかよく分からなくなっています。テレビで医者が、

「こういう症状の人は癌になりやすい」

と言っていると、そのまま鵜呑み（うの）にして落ち込んでしまったり、栄養士が、

「こういう食べものは胃にいい」

などと喋っているのを聞いたら、わけもなく信じてしまって、早速スーパーで大量に買い込んで、家族は毎日同じ食材を食べさせられることになってしまうのです。

こういう人は、権威やマスコミの情報というと、ただそれだけで信じてしまい、とてもだまされやすいのです。流行や情報に流されて、あっちに行ってみたり、また他のものに目移りしてこっちに行ってみたり、あちこちどこに行っても、いろいろとだまされてしまうのです。

こういう現代社会を本当の意味で自由に生きるためには、ヴィパッサナーの実践をするしか幸福になる道はありません。智慧のある人――きちんと落ち着いて物ごとが観られる人――は、だれにもだまされません。それだけではなく、無我の境地で、何にも捉われない生き方ができるのです。そういう生き方が本当の幸福なのです。

幸福というのは、楽しくキャアキャアと叫ぶようなことではありません。心が落ち着いていることが真の幸福です。音楽を聴いて踊って楽しかったとか、おいしい料理をいっぱい食べたとか、そのような刹那的な喜びでは本当に幸福になることはできません。自分の感覚に振り回されずに、「おいしい食事だ」「きれいな音楽だ」「あの人は美人だ」などと静かにきちんと認めるだけで、落ち着いていられることが、幸福なのです。

会社の同僚が美人だからといって、その女性を追いかけ回したら幸福になれるでしょうか？　結局、「ストーカーだ」とか、「気持ち悪い」などと嫌がられて、ひどい目に遭うだけでしょう。「あの人はこういう美人だ、この人はこういうかわいい人だ」と落ち着いて平安な心でいれば、幸福なのです。そういう心の状態をヴィパッサナーでつくれるのです。

では、私たちはふだんサティをしていないのでしょうか？　まったく気づきの心を働かせていないのでしょうか？　そういうことはありません。私たちにも何も考えないで聞いている瞬間、つまりサティを働かせている瞬間はあります。でもそれは一瞬のことで、すぐに何かを考えたり、他のことが気になったりしてしまいます。瞬間的にだけ聞いていて、次の瞬間は考える状態になって考えている。つまり、途切れ途切れなのです。聞いているといっても、途切れ途切れの状態で聞いているのです。本当に聞いているときは、「自分がいまここに座っている」という意識さえあり得ません。対象と一体になってしまうのです。

修行が進んでサティがきちんとできてしまえば、何も考えずに、さっと対象と一体になることができるようになります。たとえば、何かを聞いているときには、聞いている音と、その内容と、自分とが、まったく一体になれるのです。自分が対象と別に存在するのではなくて、ひとつになりきってしまうのです。それが本当に聞いている状態なのです。

サティというエネルギーは、訓練をすれば自然に出てきます。だから、自然に現れるまでにいろいろな実践を行って、訓練をしなければならないのです。訓練だから、最初はまだ本物のサティではないかも知れません。

漢字の練習と同じことです。漢字を知らない子供たちが、文字を習って練習して字が書けるようになったら、自由に字を書くのです。そうなったら、練習のことなど忘れてしまって、さっさと自由に字を書きます。それと同じことです。

子供のころは、「これの次はこれで、その次はこれで」というように確認しながらゆっくりと字を書いたでしょう。書いた字も汚くて読みにくかったはずです。でも、そういう練習をしたおかげで、大人になると、さっさときれいに字が書けるのです。

Ⅲ　こんなとき、こんな場合のヴィパッサナー瞑想

ヴィパッサナーは、本当に大切なものは何かということを考え直す方法、物ごとを新しい角度から観る方法です。

私たちは妄想のなかに生きています。その妄想から離れて、世界をありのままに観る必要があります。それを身につけるためのヴィパッサナーには、いろいろなやり方があります。本当は各々が自分にあった方法で実践するのがいいのですが、こういう出版物ではきめ細かくは説明できませんので、一応一般的な方法をお話しします。

心を落ち着かせるサマタ瞑想

ヴィパッサナーについてお話しする前に、その前提条件となるサマタ（Samatha）と呼ばれる瞑想について少し説明しておきましょう。日本で一般に瞑想というと、サマタ瞑想を指しています。サマタとは、落ち着くということです。サマタ瞑想とは精神的に落ち着くための瞑想、落ち着いた静

かな心をつくる瞑想です。漢訳仏典では、「止」という一文字に訳されます。

サマタ瞑想にはいろいろなやり方があります。

皆さんはヨーガをご存じでしょう。ヨーガには体操ヨーガとメディテーションヨーガの二種類がありますが、どちらもサマタ瞑想です。体操ヨーガも、いろいろと体操をして心を落ち着かせるのです。

仏教にもいろいろなサマタ瞑想があります。有名なのは、念仏です。きれいな声できちんと決まったやり方で念仏を称えると、心が落ち着いてとても気持ちがよくなります。声明（しょうみょう）をあげたりするのも同じです。経典を独特のやりかたで唱える声明を聴いていると、すがすがしい気持ちになって、ありがたいと感じます。そういう瞑想はぜんぶサマタという修行法に入ります。

宗教に関係なくても、たとえば落ち着くために音楽を聴いたりすることがあります。メディテーションミュージックというＣＤもあります。私も試しに聴いてみたところ、私の場合は心が落ち着くどころか少々混乱してしまいましたが、あのＣＤを聴いて落ち着く人もいると思います。それも一種のサマタ瞑想です。

つまり、心が落ち着いて深く統一されれば、どういう方法でもいいのです。人によっては念仏がいちばん落ち着くという人もいるでしょうし、ヨーガが自分にあっているという人も、それよりも踊りがいいという人もいます。高いレベルの統一性、落ち着きが生まれることが大切で、自分にあった方法でいいのです。

心が落ち着くと、脳にα（アルファ）波という脳波が出るのです。β（ベータ）波が出ているときは、いろいろよけいなことを考えているのです。α波が出ているときは心がリラックスして落ち着いていますが、このα波を出すためには集中力が必要です。もしも医学的に研究されα波がたくさん出る方法が見つかれば、その方法もサマタ瞑想の一方法になります。

人はどうして落ち着きたいのかというと、「心の落ち着いた状態では、いろいろなことがスムーズにできるから」と言います。集中して勉強したり、むずかしい仕事をしたり、作曲したり、芸術品をつくったり、これらすべてにはまず心の統一が必要だ、というのです。スポーツ選手にも「集中力、心の統一がいちばん大切だ」とよく言われています。心が落ち着いていないと、自分の本当の力が発揮できないのです。それは確かにその通りです。落ち着くということが、すべての行動の基本です。

でも、落ち着くということは、私たちの最終的な目的ではありません。落ち着いた心で何をするか、ということがもっとも重要なテーマです。落ち着いているだけでは、何かをする心の基本ができたにすぎない、ということです。

たとえば、心が落ち着いてよく勉強ができたとか、とてもむずかしい仕事がうまくいったとか、何かいい結果があってはじめて、ありがたいなあということになります。落ち着いているだけなら、睡眠薬でも飲んで熟睡していれば、だれでも落ち着いているのです。「熟睡からさめた後に落ち着いて何かができるならば、睡眠薬を飲もう」ということにもなるのです。

私はサマタを否定しているのではありませんよ。落ち着きがなければ、何もできないのです。ですから、かならず必要な修行です。サマタは、何かをするために必要な基本的な条件となることは事実です。そういう条件を整えて、それからいよいよヴィパッサナーの実践に入ることができるのです。

ヴィパッサナーには五段階ある

繰り返しの解説になりますが、ヴィパッサナー（Vipassanā）というパーリ語の意味は、「よく観ること」です。漢訳仏典では、「観」という一文字に訳されます。ヴィ（vi）は、何か固まったものをきめ細かく切る、という意味の接頭辞です。つまり、きちんと区別するということ。ヴィパッサナーの場合には「明確に」と訳すのがいいと思います。パッサナー（Passanā）は、観ること、よく観察することです。ヴィパッサナーというのは、「明確に区別して、詳しく観察すること」という意味になります。

先ほど説明したサマタはすべて瞑想だと言うことができますが、ヴィパッサナーは、世間でいわれる瞑想とはかなり色合いが違うのです。代表的なやり方に座る瞑想や立つ瞑想などがありますが、それは立つこと、座ることなどを通して自分を観察する、という実践です。ヴィパッサナーとは「よく観ること」であって、単に心を落ち着けるための瞑想ではありません。だから、あらゆることがヴィパッサナーになります。

たとえば、仏教を勉強することも、あるいは固定観念に真正面からぶち当たっていろいろなやり方で物ごとを観ることも、一種のヴィパッサナーの実践です。特に、お釈迦さまが直接教えられたお経の内容などをきちんと自分で理解しようとがんばると、ヴィパッサナーの働きはよくなります。とにかく、物ごとを明確に区別してきめ細かく観ることがヴィパッサナーです。

ヴィパッサナー法は五段階に分けて説明できます。まず物ごとを分析する。ばらばらにして、識別する。つまり、物ごとを分けて、分けて、分けて、できるだけきめ細かく分けて、別々に観る。次にそのばらしたもの同士はお互いにどう関係しあっているのかを発見する。お互いの関係を観るのです。三番目に心の問題を見つける。ヴィパッサナーというのは心の問題を直す方法ですから、自分の問題は何かを発見する必要があります。自分の問題、あるいは苦しみの原因、存在の問題を発見する。次にその発見した問題を解決する。自分が見つけた自分の問題を消す。そうすると、「自分の苦しみが消えた」という実感が生まれます。つまり、問題がなくなって、「仕事が終わった」というほっとする気持ちが生まれるのです。そして、心が自由になる。それが解脱です。

ヴィパッサナーには五段階のステップがあるのです。まとめますと、第一段階は、現象を区別・識別すること。
第二段階は、諸々の現象の関係を知ること。
第三段階は、自分の問題を発見すること。
第四段階は、問題の解決法を実践すること。
第五段階は、心が自由になった実感を得ること。

です。

このヴィパッサナーの段階と同じことを、お釈迦さまは別の経典で完璧に説明しておられます。皆さまもよくご存じの苦（く）・集（じゅう）・滅（めつ）・道（どう）の〈四聖諦（ししょうたい）〉です。ヴィパッサナーは〈四聖諦〉の実践法と言っていいと思います。

〈四聖諦〉はすばらしい教えですが、理論があまりにも完璧すぎて、凡人にはとりつく島がありません。なかなか手に負えないのです。そこで、少し私たちの手に届くように実践しやすく考え出された方法が、このヴィパッサナーなのです。こちらの方がいろいろ身近な印象があって、私たちもいくらか勉強したり、批判したり、「ああではなかろうかこうではなかろうか」と考える余地とも言える部分があるのです。ところが、「苦・集・滅・道」と言われたら完璧すぎて、ちょっとどうしようもない感じです。

それにまた「苦・集・滅・道」を正しく理解することは、大変難しいのです。皆さんは簡単だと考えているかもしれませんが、私が本格的に説明しだしたら、あまりにも難解で逃げて帰ってしまうかも知れません。それほど難しいのです。

ヴィパッサナーの実践①——まずは戒を守る

では、ヴィパッサナーの実践はどのようにするのか、具体的にお話しします。

先ほどの説明で、「まず物ごとを分析して識別し、関係性を発見する」と言いました。でも、実際に私たちが瞑想実践するときには、分析したり関係性を探したり、そういうことは一切しません。と言うのも、私たちには物ごとを正しく分析したり、関係づけたりする能力がないのです。これは本格的に出家して、とても長く修行した人でなければできないのです。ですから私たちは、よく観る、きちんと確認する、ということだけを実践します。よけいな解釈をつけ加えない。ただよく観る、確認する、ということで止めておく。解釈、意義づけ、意味づけ、「ああではないか、こうではないか」といろいろ考えたりすることは、まったくやらない。

人間はすぐにつまらない理屈をつけたり、物ごとの意味づけをしたりしたがります。皆さんも、解釈したり理屈を考えたりすることが好きでしょう。だから、こういう出版物などを喜んで読んだりするのでしょう。人はそういうことが大好きなのです。そういう雰囲気のなかに自分をおくことで、何となく何かが分かったような気になって喜んでいる。もし理屈としても分かっているならば、自分の人格が多少でも良いほうに変わるはずですが、そういう兆しもない。結局、私たちは自分の意味づけや解釈で悩んでいるだけなのです。ですから、ヴィパッサナー瞑想をする意味があるのです。

ヴィパッサナーは、戒・定・慧という段階で進みます。まずは戒、戒律を守ることです。戒はパーリ語でシーラ（Sīla）と言います。

「最初のステップが戒だ」と聞くと、「戒はいやだからヴィパッサナーはできない」と言いだす人もいるでしょう。戒律と聞くと、だいたい皆さんいやがりますから。でも、それほど大げさなことを守らなくてもいいのです。戒の定義は、「世のなかのきちんとした知識のある人たちに、非難されないような生き方をする」ということです。無知な人に何を言われてもいいのです。まともな人に非難されない行為をすること。ですから、戒は別に仏教の世界に限らず、人間社会共通の普遍的なルールです。人のものを盗ってはいけない、嘘をついてはいけないなど、当たり前のことを守ればいいだけのことです。

考えてもみてください。人間のながい歴史のなかで、どこかに嘘をついてもいいという場合があったでしょうか？　そんなことはどこにもありません。嘘をついてはいけないということは、人間の歴史がはじまってから今日まで、延々とつづいている普遍的なルールでしょう。それを守るだけです。

少し細かく説明すると、戒とは次の三つです。

(1) 人間として、してはいけないことはしない。

(2) 定められた戒律を守る。聖書の戒律を守ってもいいし、仏教の戒律でもいい。まともな戒律であれば、どれを守ってもかまいません。

(3) 自分の心や生き方を混乱させる行為を避ける。喋ることも自分の身体で行うことですから、行為に入ります。

しかし考えるまでもなく、このくらいのことは常識人であればだれでも自然に守っていることでしょう。文章で書くと何となく難しい印象を与えるかも知れませんが、実際はそれほど大したことではありません。

仏教には五戒という戒律があります。殺生をしない、人のものは盗らない、よこしまな行為をしない、嘘をつかない、酒・麻薬を使用しない、という五つの戒です。その五つくらいを守れば十分です。それだけで、先ほどお話しした三つともぜんぶそろってしまいます。どこかで瞑想修行をしようとして修行グループに参加したとすると、そこでは当然このくらいの戒律は守られているはずなので、特に戒に気を使う必要は何もありません。

これが第一段階、戒のステップです。

ヴィパッサナーの実践②――サマタ瞑想

次に定に行きましょう。これは先ほどお話ししたサマタ瞑想のことです。心の統一、集中にはサマタが必要です。ですから、ヴィパッサナーをする人は、一日三〇分程度、何か心の統一の訓練をしなければなりません。

何でもいいのです。そんなに暇もないでしょうし、三〇分ほどできれば結構です。具体的に書きますと、三〇分ほどどこかに座って、きちんと呼吸をします。吸ったり吐いたりするだけなので、難しいことは何もありません。大げさに考えないこと。気楽にする方がいいのです。三〇分くらい静かに座って、何も考えないで、「吸います、吐きます、吸います、吐きます」と呼吸してください。

ヴィパッサナーの実践③－1――集中ヴィパッサナー

最後の実践は、慧、智慧の実践です。これが実はヴィパッサナーの実践です。二種類の方法があります。ひとつは集中的な実践法。もう一つは日常のなかでの実践法。その二つです。

毎日ある一定の時間に集中瞑想をして、その残りの時間は日常的な瞑想をします。一日は二十四時間ですが、ふつう八時間眠るとして、残り十六時間は起きていることになります。その十六時間のうち一時間、集中瞑想をするならば、残りの十五時間はふつうの生活をしながら日常的な瞑想を行うのです。やはりそのように二十四時間体制でヴィパッサナーを実践しないと中途半端になってしまって、いい結果がなかなか得られないことになります。

では、集中瞑想について説明します。これは自分の行為をひとつひとつきちんと観て、頭のなかで言葉を使って実況中継して、自分の行為をひとつひとつきちんと確認することです。

集中瞑想の方法は、四つに分けられます。日本では「行・住・座・臥」という分け方をしていますが、行は歩行つまり歩く瞑想のことを言い、住は立つ瞑想、座は座る瞑想のこと。最後に臥は横たわる瞑想です。

〝歩く瞑想〟のやり方

歩行瞑想は、自分が歩いている行為を細かくていねいに、ひとつひとつ言葉で確認しながら行います。

まず「歩きます」と確認します。

自分が右足から歩きはじめるのであれば「右足」と右足に意識を持っていき、「上げます」「運びます」「降ろします」と自分が歩く足の感覚を、ひとつひとつ言葉で確認していくのです。

このように言葉でひとつひとつていねいに確認する作業を「実況中継」と呼んでいますが、必ず言葉で確認することが大切です。これは、心が妄想や混乱にふけることを防止して、いまの瞬間に集中するための手段なのです。足をあげているのなら、「上げています」と言葉で実況中継することが瞑想の上達には欠かすことのできない重要な決まりです。言葉で確認すると言っても、声を出して言う必要はありません。頭のなかで実況中継するのです。

「手はどうするのか」と聞いてくる人もいますが、後ろか前で組むのがいいでしょう。

歩く一歩の距離はあまり大きく踏み出さないように、また一つの行動が終了したら次の行動へと移ります。

右足を降ろすのと、左足を上げるのが連続しないようにします。つまり、右足を降ろすと同時に左足の踵を上げている人がいますが、右足がきちんと地面に触れたことを確認してから、左足を上げるようにすることです。右足を降ろす動作が完全に終了してから、「左足、上げます、運びます、降ろします」とやっていきます。

歩行瞑想の最初の段階では、歩きはじめる際の確認は、右足「上げます、降ろします」左足「上げます、降ろします」という「運びます」を省略した二段階からはじめても構いません。ただ、この省略形を五分ほどやったあと、次に心が落ち着いてきた段階で、「上げます、運びます、降ろします」の三段階をやればいいでしょう。

さらに集中できてきて、足の動きを確認できるようになったら、この三段階をさらに三段階に分けていきます。

つまり、足を〝上げます〟を、〝踵〟が「上がります」〝爪先〟が「離れます」〝足〟が「上がっています」というように。さらに、「運んでいます、運んでいます、運んでいます」と一度ではなく三回繰り返し確認して、足が着地するときも、〝足〟を「降ろします」〝足の裏〟が「着きます」、着いた足に力が加わり〝地面〟を「押します」となるのです。

もう一度整理をしてみると、足を上げるときは「上げます」「離れます」「上がっています」となり、足を運ぶときは「運んでいます、運んでいます、運んでいます」となり、足を降ろすときは「降ろします」「着きます」「押します」となるわけです。

さらにこれを細かく観察する方法もあります。それは「上げます」についても「上げます、上げます、上げます」と三回ずつ分けてやるのです。これは修行者の心の落ち着き次第、ということになるでしょう。

このように細かく説明するのも、歩行瞑想だけでも気づき＝サティを上達させるための重要な方法だからです。

たとえば、毎日一時間、集中瞑想をしようと決めたなら、十五分から二〇分は歩行瞑想を取り入れるようにしてください（日常での歩く瞑想については、この後詳しく説明してあります）。

〝立つ瞑想〟のやり方

文明が発達するほど、私たちの立つ時間は少なくなってきました。でも、きちんと立っていると、結構格好がいいものです。身体も健康になりますので、私は立つ瞑想をよくやります。

一日に一時間集中瞑想をすると決めたら、五分間くらいは立つ瞑想をする。その場合も、両手は前か後ろに組んで、安定がいいように肩幅くらいに足を開いて立ちます。立ちながら、足の裏が地面にふれる感覚を感じます。そして、頭のなかで言葉にして「触れる、触れる」と確認します。

とても気持ちがいいものですよ。本当に簡単です。立っているだけですから、これほど簡単な方法はありません。これが難しいと言われれば、どうしようもありません。ただ立って、足の裏で「ああ、なるほど、立っているなあ」と感じて、それを味わうのです。

〝座る瞑想〟のやり方

座るときは、まず「座ります」と頭のなかで言葉で確認します。それから、ゆっくりと身体の動きを確認しながら、「座ります、座ります」と実況中継しながら座ります。そのとき、できるなら目を瞑って、座っていく足の感覚を味わいながら、「足が曲がります」「座ります」「座ります」とゆっくり行うと、さらに確認が細かくなっていくと思います。「座ります」と言わずに、「座る、座る」でもいいでしょう。

それから、座布団に座るときは「触れる、触れる」、足を組むときは「左足を組む、右足を組む」

と言葉で確認しながら、ゆっくりと動きます。足は自分に無理のない形で組んでください。椅子に座っても結構です。それから、背筋と頭を「まっすぐにする」と実況中継してまっすぐに伸ばします。

自分の行為を確認する言葉は、なるべく正確で簡潔な言葉を使うことです。それから、両手を、肩に負担をかけない形で「右手を置く、左手を置く」と置きます。リラックスをする形がいいのです。

それから二〜三回くらい「吸います、吐きます」とゆっくり呼吸します。こうして座ってゆっくり呼吸をしているだけで、サマーディ（Samādhi＝集中・統一力）が結構出ます。二回から三回そうやって呼吸をしたら、「吸います。吐きます」と言葉をかけるのはやめて、自然に呼吸をします。そして、身体を呼吸に任せて、おなか、胸、肩、鼻の先のいずれか、自分がいちばん集中しやすいところに集中して、自分の呼吸を観ます。呼吸する感覚、いわゆる身体の膨らみ・縮みを観るのです。

おなかの膨らみ・縮みがよく分からないという人は、お臍のちょっと上にそっと手を当ててみてください。息を吸ったときにおなかが膨らみ、息を吐いたときにおなかの縮む様子がよく分かるはずです。そのように膨らみ・縮みが理解できたら、手を膝の上に戻して自然のままに呼吸してください。その呼吸に合わせて、おなかが膨らんでいるなら「膨らみ」と、縮んでいるなら「縮み」と実況中継してください。ふつうよりいくらかながい呼吸をしている場合は、「膨らみ、膨らみ」「縮み、縮み」と実況中継し、もっとゆっくりした呼吸をしているときは、「膨らみ、膨らみ、膨らみ」「縮み、縮み、縮み」と確認していきます。

いままでの説明で気づかれた方も多いでしょうが、行為に解釈や理屈をつけることは何一つしていません。ていねいに自分の行為を確認していれば、そういうことをする暇はないはずです。

先ほどの歩行瞑想では、足の動きを観察してそのひとつひとつを実況中継するわけですから、妄想は出にくいのです。しかし座る瞑想では、身体が静止した状態ですから、心のほうはすぐ何かを考えはじめます。人間の心は絶えず動いているので、何かしているときはその行動に心もついていきますが、そういう行動のないときは、心は何かを考えようとすぐに独自の働きを開始します。そこで、何かを考えはじめたら、「妄想、妄想」「考えている、考えている」と心から妄想が消えるまで数回、実況中継するのです。

初心者の段階では、なかなかおなかに集中することができません。深呼吸しておなかの膨らみ・縮みを観察しようとしても、すぐにこの妄想が出てきます。しかし、おなかに集中できないからといって、悩む必要もありません。

ヴィパッサナーでは、いま心がいちばん強く感じている現象にただ気づき、実況中継していくことが重要です。ですから、瞑想をはじめてすぐに妄想が出てきても、「妄想、妄想」と実況中継すればいいのです。極端に言えば、三〇分間の瞑想中すべてが妄想であっても、その妄想すべてを実況中継できていれば、立派な瞑想です。

上達の度合いは実況中継で決まる

痛みや痺れ、寒さや暑さなども、それを感じたときすぐに、たとえば「痛み、痛み」というようにすべてを言葉にして実況中継していくのです。イヤだとか、ラクだとか、楽しい、気持ちいい、恐いなどの感情も、すべてその場で実況中継していきます。

とにかく何が現れようが、どんな感情が湧いてこようが、心が捉えた対象すべてを実況中継するだけです。サマタ瞑想のように一つだけの対象に心を集中させるのではなく、いまいちばん感じている対象をただ言葉で実況中継するだけでいいのです。

実は、瞑想をはじめて間もない人のなかには、こういう悩みを打ち明ける人がたくさんいるのです。曰く、「私はおなかに集中することがぜんぜんできなくて困っています」「集中しようと思っても、すぐに気が散ってしまって、何か考え出してしまうのです」等々。

それでいいのです。気が散っても、何かを考え出しても、その心が追っている対象にいち早く気がついて（サティ）、それをすべて実況中継すればいいのですから。現象が現れて、それが気になるあいだ、それを確認していく。そうしていくと、やがて心は落ち着いて、自然におなかの膨らみ・縮みを観察できる状態に戻ります。

たとえ膨らみ・縮みに集中できなくても、瞑想実践は進んでいきますので、心配はまったく必要ありません。だから、無理をしておなかの膨らみ・縮みを観察する必要もないのです。心はいついかなる場合でも、必ず何か刺激を得るための対象を求めますから。座っている場合、いちばん観察しやすい対象と言えばおなかの膨らみ・縮みなので、「膨らみ、縮み」と実況中継しつづけていくのです。現象に気づく〈サティ〉こそが必要、ということです。

座る瞑想の場合、最初の訓練方法としては、五分か十分だけ座ってみて実況中継の練習をしてから、少しずつ長く座っていくようにします。

座る瞑想中の眠気・痛み・かゆみ・物音への対処法

ところで、長く座っている場合もっとも困ることが、眠気です。居眠りしていたら瞑想になりませんから、眠気に支配されることだけは避けなければいけません。

眠気が出てきたら、「眠気、眠気」と他の実況中継よりも強く、はっきりと言葉にして確認します。その実況中継で居眠りが治まれば結構ですが、居眠りというのは厄介で、それだけの実況中継ではなかなか退散しません。そこで、それでも眠気が去らないときは、身体を動かすことによって眠気を取り払います。眠気が出るときは、たいてい身体が前に倒れ、首が曲がっている場合が多いようですから、「身体を直します」と言葉にしてから、ゆっくりと背骨と首が真っ直ぐになるように直してください。それで眠気はとれるはずですから、そうしたらまた、「膨らみ、縮み」に戻ります。

また、足が痛くなったり痺れたりするのも、長く座っている場合によく見られる現象です。その場合も、「痛み、痛み」と観察することです。痛みをじっと観察していくと、痛みにもさまざまな変化の現れることが分かります。痛みには「イヤだ」と思う心が起こりますから、それも観察して実況中継していきます。痛みという現象は対象としてはかなり強い部類に入りますから、観察の対象としては瞑想を進歩させる格好のもの、と言えるかも知れません。痛みを観察する場合に注意することは、あくまでも第三者の立場で、自分の身体の痛みを観察することです。

しかし、そうやって痛みや痺れを観察しても、我慢できない状態になったら、先ほどの眠気のときと同じように、身体を直します。この場合は、足を組み換えるなどの動作が必要ですから、ゆっくりとひとつひとつの動きを言葉で実況中継しながら、組み換えることです。

かゆみが出てきた場合も同様です。かゆみが出てきたら、まず「かゆみ、かゆみ」と言葉にし、かゆみを観察します。それでかゆみが気にならなくなれば、次の現象を観察します。

かゆみが治まらずどうしても我慢できないのであれば、「掻きたい、手を上げます、手が曲がります、手が動いています、肌に触れます、掻きます、掻きます」と実況中継して確認していきます。掻いて気持ちがよかったら、「気持ちよい感じ、気持ちよい感じ」と実況中継します。

音や声が聞こえた場合も、「音、音」とか、「聞こえている、聞こえている」と実況中継します。「もし、かゆみと音と痛みが同時に現象として現れた場合はどうするのだろうか」という質問も受けますが、たとえそれが同時に現れたとしても、心というメカニズムは一つの対象しか捉えることができない仕組みになっていますから、決して同時ということはないのです。ただ、心の変化は物質（色）の十七倍というスピードで起きていると言われますので、私たちには同時にいくつもの現象を捉えているように思ってしまうのです。こういうときはいったん観察を止めて、心をオープンにします。その上で、いま現在もっとも強く感じられる対象を実況中継すればいいのです。あるいは、気になる対象を順番に観察します。

妄想、妄像が出てきたときのうまい処理法

また、「自分は何も考えてはいない」という人もいます。しかし、心はいつでも休みなく何かの対象を捉えていますから、何も考えていない、という状態はあり得ないのです。こういう人は、ただボーッとしていたか、妄想の真っ只中にいたか、あるいは眠っていたのです——もっとも、瞑想経験も十分の熟練者になれば、観察する対象が何もない、という状態は考えられることですが。そのとき、身体あるいは心の僅かな動きでも選んで観察しなければいけません。

こういう人もいます。ある程度瞑想が進んできた人が座る瞑想をしていると、だんだん集中力が

増していくのが分かります。そこでさらに、瞬間、瞬間の気づきに徹していくと、サマタ瞑想のような統一（サマーディ）状態になっていくのです。

そうなると、人によっては突然、瞑想中に光が現れたり、妄像が見えたりするのです。

そういう現象が現れる人は、どうしてもその珍しい対象を追いかけたくなるのです。しかし、これも妄想ですから捉われずに、光が現れたのなら「光、光」、他の現象が現れたとしても「妄像、妄像」と実況中継することです。その現象や対象が自分にとってどんなに大切なもののように思われようが、ただ現れた現象を言葉にして実況中継するだけです。

時には、菩薩や仏がまるで実像のように現れる場合もあります。しかし、それもただ単に自分の心が勝手に作り出している妄像に過ぎませんから、「見ている、見ている」と声をかけ、妄像が消えるまで実況中継してください。

どんなに集中力が強くなっても妄想や妄像は起こりますから、その現象にとにかくはやく気がつき実況中継できるようになり、おなかの膨らみ・縮みにすぐに戻れるようになるまで進歩したら、おなかの膨らみの「はじめ、途中、終わり」と意識を加えてください。

「膨らみはじめ」「膨らみ」「膨らみ終わり」「縮みはじめ」「縮み」「縮み終わり」と実況中継するのです。この三つに分ける見方は、「生、住、滅」という存在の真理を観察することにつながるのです。

その他にもサティの訓練方法はいくつかありますが、これ以上はそれぞれ指導を受けたらいいでしょう。

座る瞑想も一時間座っていることができれば十分ですから、その後には三〇分ほどの歩行瞑想をしてください。最初から無理に座る瞑想をする必要はありません。ヴィパッサナー瞑想は、立つ・歩く・座る・横たわるの四つから成り立っているのですから、それらをうまく組み合わせることです。

座る瞑想を終えるときも、きちんと声を掛けて終わります。まず、瞑想「終わります、終わります、終わります」と声にして、そこからまたゆっくりと「膨らみ、縮み」と二〜三回実況中継して、「目を開きます」「手を伸ばします」「右足崩します」「左足崩します」「立ちます」と、ひとつひとつていねいに言葉にしてから立ちます。そのように、きちんと終わってください。

〝横たわる瞑想〟のやり方

横たわる瞑想は、身体が疲れているときや、病気、あるいは就寝前に実践できます。

仰向けに寝て、まずゆっくり呼吸を整えてください。最初に右足、左足のどちらでも構いませんから、踵が床についている感じを確認します。確認できたらその意識をお尻に向けて、お尻が床についていることを確認します。ひとつずつゆっくりと確認しながら、意識を上のほうへと向けていきます。お尻の次は肘、手の甲、肩の下、頭という順番になります。意識が頭まで行ったら、次は逆に頭から肩に下がっていき、順繰りに踵が床についているまでを確認します。一回り身体を確認したら、自分が寝ている全体の姿に意識を持っていき、「横たわっている、横たわっている、横たわっている」と三回ほど確認して、次におなかの呼吸を確認します。おなかの膨らみ・縮みに合わせて、「膨らみ、縮み」とまた三回ほど確認して、再び踵から意識を身体の上のほうへと回していきます。

途中で妄想やかゆみが出た場合は、それを確認します。眠気が出たら、「眠気、眠気、眠気」と眠気を確認すれば、眠気など飛んでしまいます。これは眠るための方法ではなく、あくまでも横になって瞑想実践することですから、その点を間違えないでください。

夜、そのまま眠りに入りたいと思う時には、また違う方法を取ります。その場合は眠気に逆らわずに、お腹の膨らみ・縮みを眠りに入るまで観察します。朝までぐっすり眠れるはずです。

以上のように集中瞑想には四つの方法があります。それ以外にも、日常どこでもできる方法がありますので、それを説明していきましょう。

〝食べる瞑想〟

たとえば、食べる瞑想というのがあります。それは食事を細かくていねいにゆっくりと確認しながらするのです。瞑想ですから、お喋りしてはいけません。食べることに集中します。まず、食べものを見る。「見る、見る」と頭のなかで言葉にして確認しながら、きちんと色や形をよく見ます。そして、においがあるならば、「においをかぎます」とにおいをよくかいでみます。そして「箸を取ります」と箸を取って、「運びます」と箸を運んで、「つかみます」と確認して食べものをつかみます。それから「運びます」と食べものを口まで運んで、「開けます」と口を開けます。「開けます、入れます、箸を戻します」と箸を戻します。それから「嚙む、嚙む、嚙む、味わう、嚙む、嚙む、味わう、飲む込む、嚙む……」と確認しながら食べます。もし何かの音が耳に入ったら、「音、音……」とそれを確認する。口に入れたものを食べ終わったら、また「箸を取ります、運びます、運びます、つかみます、運びます、運びます、開けます、入れます、戻します、嚙む、嚙む……」とつづけていきます。きっちりと順番に行為をぜんぶ確認します。

これは大変な修行になりますよ。そして、この修行はとてもむずかしい。ヴィパッサナーのむずかしさは、真冬に滝に打たれるようなことではありません。滝に打たれる修行の方もすばらしいかも知れませんが、「では一度、ヴィパッサナーで食事をしてみてください」と私は言うのです。

一回やってみるだけで、すばらしい智慧が生まれてきて、驚かれるでしょう。皆さんはただ漠然とぱくぱく食べているだけで、一度もこういうふうにきちんと食べたことがないでしょう。一度きちんと食べてみてください。食べるという行為のなかに、どんなことがあるのか。どんな出来事、どんな心の働きがあるのか、経験してみてください。

最近は癌の治療などにも、食べる瞑想などが取り入れられているようです。食べるだけで病気も治って、身体もきちんとなって、心も治って、煩悩も消えて、すばらしい効果があるのです。

ですから、これは大変なことです。試しに、ふだんの食べ方で、煩悩に汚れている妄想だらけの心で食べている途中に、ヴィパッサナーで食事をしてみてください。ぱくぱく食べるのをぱっと止めて、たとえば少量のご飯を、

「取ります、運びます、開けます、入れます、戻します。噛む、噛む、味わう、噛む、噛む、噛む、味わう、飲み込む」

と実況中継しながら食べてみてください。どれほど違うことが経験できることか。

ふだんは妄想のなかで食べているので、自分で食べているつもりでも、本当には食べていないのです。ご飯を食べながら、魚や肉に手を伸ばしている。手を伸ばすということは、そちらに頭が行ってしまっているのです。口のなかにはご飯があるのにそのご飯をきちんと味わうこともしないし、肉の方に頭は行っているけれども、まだ食べていないので肉の味は分かっていないし、肉を食べたとたんにまた心は別のおかずの方に行ってしまって、そちらの方にお箸を伸ばそうとしている。

食事中にもかかわらず、だれかと何の意味もないバカバカしい話をして、そっちの方にも気を取られている。そのくせ、「おいしいです」などと言っているのを聞くと、思わず肚が立って、

「あなた、本当においしいかどうか、分かっているのですか？」

と聞き返したくなってしまいます。

きちんとていねいにサティを実践して、確認しながら食べないと、本当の味など分かるはずがありません。それなのに、「日本の食事はおいしいでしょう」などと言われると、「いったいこの人は何なのだ」と思ったりするのです。「一度も本当に食べたことのない人間が、得意そうに何をおいしいと言っているのだ」と言いたくなってしまいます。

このようにていねいに食べてみると、他にもいろいろといいことがありますよ。ヴィパッサナーで食べるときは、決していっぱい食べられない。ふだん食べる量のせいぜい半分です。少量で満腹感と満足感が得られる。その上に体力もきちんと蓄えられる。

たとえば、玄米が好きな人だったら、ただ玄米だけ炊いて、何も入れずにそれだけ食べても、おいしい。ヴィパッサナーで食べたら、たくさんのおかずなど要りません。玄米には必要な栄養はぜんぶ入っていますから、それだけで十分です。きちんとていねいに食べたので、おなかも大変喜びます。ふだんの食べ方はいろいろなものをあまり噛まずに胃に入れているので、胃にとっては大変な負担で疲労してしまい、それで早く歳を取ることになります。

ヴィパッサナーで食べていると、胃も食道も、腎臓やありとあらゆる内臓がとても元気で丈夫です。それこそ健康のもとです。癌などにもならないはずです。世界の豊かな国は癌患者で溢（あふ）れています。「何のために豊かになったのか」と聞きたくなります。癌で死ぬために豊かになったような結果になっているのです。ですから、仏教の実践というだけではなくて、そういう御利益もたくさん得られるのです。これはまさに奇蹟です。さらに、仏教の真髄であるお釈迦さまの悟りの世界も開けてきます。

一度試してみてはいかがでしょうか？　試してみても、損はないでしょう。

競争社会で真の勝利者となるために

食べることだけではなく、ほかのことでも同じことです。人と話をするときにも、たいていはだれも人の話をきちんと聞いてなどいません。一見きちんと聞いているようで、本当には聞いていません。人と喋っているようであって、喋っていません。

喋るというのは、相手が言ったことの意味をちゃんとかみしめて、「ああ、こういうことを言ったのだ」と確認して、それから「自分の考えはこうですよ」というふうに喋ることです。それが、人間が喋るということでしょう。

ギャーギャー、ワーワーと騒いでいるだけでは、猿の群と同じです。あるいは、カラスの集会です。カラスが集まるときは、皆さんと同じように、皆ていねいに、静かに、きちんと集まります。それで何をするかというと、自分勝手な方向を向いて騒ぎ立てるのです。私たちもそれとまったく同じではないでしょうか？　人が集まったら、まあ喋ること喋ること。それで結局何を喋ったのか、何を聞いていたのか、というと、何もない。

私たちは黙っていること、静かにしていることを、学ばなくてはいけません。自分が喋るのではなくて、人の話を聞くこと。人に勝つのではなくて、人に負ける、ということ。そういうことが必要です。自分の意見を言い立てるよりも、人の意見をよく聞いて、自分に理解できるかどうかを考える。それだけで、そのひとの人間性は大きくなります。つまり、小さな我を超えているのです。相手に勝とう勝とうとする人は、我に凝り固まった小さな人間に過ぎません。

競争社会のなかで、潔くきれいに気持ちよく負けることができる人に、エゴはないのです。人間社会を静かに観察すれば、人間の醜いエゴの働きがきちんと見えてきます。そうすると、自然と「エゴのない人間になりたい」と思いはじめるようになるのです。それが悟りの道のスタート地点です。我執をなくして、狭くて小さな人間性を乗り越えるのです。ヴィパッサナー瞑想で達する悟りの境地とは、このことです。

ぜひ実践してみてください。私は十分自信があるので、宣伝などはいっさいしたくありません。ただ「実践してみてください」とだけ言うことにしているのです。これは経験しないとやはり分からないので、だまされたと思って、ただやってみてください。

ヴィパッサナー瞑想は、お釈迦さまがこの世に生きていた当時からあったものです。お釈迦さまの時代と現代の私たちとでは情報量も違うし、生きるテンポも違います。でも、そういうことはほとんど関係がありません。基本的に、人間はぜんぜん変わっていません。現代ではただ単にいろいろな情報をたくさん知っている、というだけのことです。

いろいろな情報によって私たちがどうなったかというと、結局、欲が出る、怒りが出る、混乱する、それくらいのことでしょう。あとはいろいろなものの種類や名前をよく知っているとか、そのくらいのことです。情報が少ないと、欲も少ない、怒りも少ない、混乱も少ないのです。

いまは「新幹線があるから、それに乗ってすぐにでも大阪に行こう」などと考えますが、新幹線がなければ、大阪に行こうとはなかなか考えません。でも、東京から大阪に行っても、近くの新宿に行っても、どこかの場所に行ったという意味では同じことでしょう。私たちは、結局行く場所が遠くなったとか、遠いところからの情報が得られるというだけで、昔と同様にある一定の時間のなかで生きていることに変わりはありません。

ただ、もしかしたら、私の話の内容は、いくらか現代人に実践しやすいようになっているかも知れません。

それはたとえば、トイレに行く瞑想がありますが、昔のトイレといまのトイレは違いますから、それなりに使う言葉は違ってきます。それだけの差です。インドでは水浴びをしますが、日本ではお風呂に入りますから、日本では日本風のヴィパッサナー入浴法をする、ただそれだけのことです。

基本は『大念処経』に書かれてある通りです。

ヴィパッサナーの実践③－2――日常ヴィパッサナー

では次に、日常生活のなかではどうやってサティの実践訓練をするか、という説明をします。

日常生活では、集中的にきめ細かくサティの実践を行うことは無理かも知れません。慣れてしまえばできるようになるのですが、そのためにも練習をする必要があります。

日常ヴィパッサナーの実践は、最初に自分が一人になる時間を練習に当てます。人によって一人になる時間は異なると思いますが、自分の部屋を掃除しているときに三〇分ほど一人になるのであれば、「その三〇分間はヴィパッサナーの実践をしよう」と決めます。掃除機で掃除をするならば、自分のしている動作を順番に独り言で確認しながら、掃除機をかけます。

その独り言は口に出さずに頭のなかで実況中継するのですが、必ず言葉にする必要があります。それは、自分がいまやっている行動の再確認、再々確認なのですから。言葉がなぜ重要かと言いますと、私たちはいまの段階では、サティが何であるか、まだ分かっていないからです。サティができてしまえば、すぐに行為そのものと一体になることができますが、そこまで熟練したレベルに達するには、言葉で確認することが必要です。言葉で確認するということは、逃げようとする心をサティでしばる、心はまた逃げようとする、またしばる、また逃げようとする、またしばる、という作業なのです。言葉をたくさんかけるとしばる回数が多くなって、何とか心をしばっている状態になります。つまり、心と身体が一体となって、集中して行動するのです。

掃除をしている状態を例に取って、サティしてみましょう。

「押し入れを開けます、掃除機を持ちます、取ります、押し入れを閉めます、ホースをつけます、コードを引きます、コンセントを探します、見えた、コンセントに差し込みます、スイッチを入れます、音、音、掃除をはじめます、右の端からはじめます」

などと言葉で実況中継します。掃除機は押したり引いたりしますから、

「押します、引きます、押します、引きます……、真んなかの方を押します、引きます……、左の方を押します、引きます……」

と実況中継しながら掃除をします。

バカバカしく感じるかも知れませんが、だまされたと思ってやってみてください。三〇分間で、一年間努力しても生まれないほどの、抜群の集中力が生まれるはずです。

本があちこちに散らかっているのが見えたら、

「見えます、本を集めます、本を並べます、整理します」

などと実況中継しながら片づけてください。焦らずにゆっくりと行ってください。

「言葉をかけながらすると、動作が遅くなって仕事が捗(はかど)らない」と思う人もいるでしょうが、そ

れほどでもありません。その結果として、隅から隅まで実にていねいに掃除をしているのです。

生活のなかで三〇分でも自分の時間があれば、こうやってヴィパッサナーの修行ができるのです。わざわざ「仏教の実践だ」「仏教の修行だ」などと特別なことをする必要はありません。自分のしなければいけないことを、きちんと言葉で確認しながらするだけです。それで仕事も修行も両方できることになるし、抜群の集中力もつきますし、いいことばかりです。例として掃除を出しただけで、洗濯でも、料理でも、盆栽いじりでも、何でもいいのです。

ひとつ大切なことは、サティの修行は楽しくやってほしいのです。楽しく気持ちよくやることが大切です。そういう意味では、何か楽しくなる言葉を使ってやることもいいかも知れません。「はい、掃除の開始」とか、「スイッチ入れる」とか、遊び気分で子供みたいに楽しんでほしいのです。言葉の選び方で面白さに結構差がつきますから、なるべく面白い言葉を見つけてください。テレビやラジオのスポーツ番組の生中継と同じで、この楽しい、面白いということは、非常に大切なポイントなのです。「イヤだなあ」と思いながら修行をしても、ぜんぜん効果は出ませんし、修行はまったく進みません。そこが勝負の分かれ目となります。

きちんと修行ができたかできなかったかというのは、楽しくできたかイヤイヤしたか、ということで決まっていくのです。イヤだったら、訓練などつづきません。リラックスして、楽しくやりましょう。

料理でも「大根を取ります、洗います、皮をむきます、切ります」と楽しくやります。もし大根を落としたら、「落としちゃった、拾います、しゃがむ、つかむ……」などと楽しく拾います。

そういうことを楽しくやっている人こそ、本当に生きている人だ、と言えるのです。生きていることをリラックスして楽しんでいるのです。そして、抜群の集中力がつきます。

「テレビを見たり、ラジオを聴いたりするときに、サティの実践をするのはどうだろうか」という人がかつていましたが、この場合は修行がかなり進んで身についている人でなければ、無理です。初心者の方は、テレビを見たりラジオを聴いたりするときは、ヴィパッサナーはしないでください。テレビなどには、どうしても吸い込まれてしまうのです。修行が進んでサティが身についてくると、テレビを見ていても、しっかりとそのものを見て、その裏を見て、その裏の裏を見て、それに執着しないでいられるようになります。

〝日常の歩く瞑想〟の重要ポイント

もう一つ日常的にやってほしい大切な修行に、ふだん歩くときのサティがあります。

集中的瞑想でも歩く修行を説明しましたが、それはきちんと瞑想のための時間をとって、その時間にきめ細かく歩く瞑想をするのです。日常的歩く瞑想は、軽い気持ちでふつうに歩いているときに、いつでもなさってください。皆さんは歩く機会は多いと思います。現代人だから歩かない、ということはないのです。

都会では電車などの交通機関が発達しているのですが、自宅から駅まで、家からスーパーまで、電車を降りてから目的地までなど、いつも結構歩いているはずです。

その歩くときに、「この時間は瞑想実践に使おう」と決めてください。具体的なやり方は、足の動きに合わせて、「左、右、左、右……」と頭のなかで実況中継しながら歩くだけでいいのです。「歩きます、左、右、左、右……」と歩いてください。

向こうからだれか人が来たら、「人が来る、左に寄ります、左、右……」と左に寄ってください。その人が左に寄ったとしたら、「左に寄った、右に寄ります、左、右、左、右」と右に寄ってください。

身体の感覚を味わいながら「左、右、左、右、……」と歩くと、楽しいのです。まるでディスコで踊るように楽しいのです。ディスコでも盆踊りでも、何でも皆さんが楽しいと思われることを思い浮かべてください。とても楽しいのです。

「歩くと疲れる」という人がいます。それはなぜだか分かりますか。そういう人は、歩きながら暗いことを考えているのです。歩くときに、

「昨日、あの人ったら、私にあんなことを言って、ひどいったらありゃしない……」

とか、そういうことを考えているでしょう。だから疲れるのです。あるいは、

「私ったらまた失敗して、本当にバカだった、いつもバカなことばっかりやって……」などくよくよと後悔しながら歩いていたら、精神的にも肉体的にも疲れて、歩くこともいやになってしまいます。

そうではなくて、「左、右、左、右……」と歩いてください。

でも、何か呪文を唱えるように、ただ「左、右、左、右……」と言っているのはだめです。呪文ではないのです。自分の動きの確認なのですから、「左」と言うと左足が動いていることを感じて、身体もその波に乗って動くことを感じます。「右」と言うと、はっきり右の足が動くことを感じて、身体もその波に乗って動くのです。ですから「左、右、左、右……」と歩いてみてください。

そのときに音が聞こえたら、「音、音、……」「聞こえている」と確認する。何の音かはどうでもいい、音の詮索などはしないこと。余計なことは混乱するだけなので、どんな音でも「聞こえている」と確認するだけです。その方がリラックスするのです。いちいち音を追いかけないこと。「聞こえている」だけで止めます。

この間そういう話をしていると、「そんなことをして歩いたら、人にぶつかったりクルマにぶつかったりするのではないか」という人がいました。そういうことは決してありません。サティをしていてクルマにぶつかったという人がいるならば、つれてきてください。それはあり得ません。クルマにぶつかるというのは、サティがないからです。混乱していて、心がボーッと妄想にふけっているから、クルマにぶつかるのです。事故に遭ったり、事故を起こしたりする人は、サティのない状態の人です。前から人が来たら、「人が来る、左によけます、左、右」とよければいいのです。信号が赤だったら、「赤信号、止まります、左、右」でいいのです。

「サティをしていたらゆっくり歩くことになってしまう」という人もいます。どちらかというと、ゆっくり歩いた方がていねいにサティができるかも知れませんが、速く歩いてもサティは十分可能です。時間がなくて速く歩かなければならないときこそ、私は徹底してサティで歩きます。そうしなければ、逆に疲れて歩けなくなってしまいます。

また、サティをしないで歩くと、いくら速く歩いても、妄想が出てきます。私は歩くときは「左、右、左、右……」ではなくて、もう少していねいに「上げます、運びます、降ろします……」とやっていますが、いくら速く歩いても十分サティはできます。だから、とにかく生活のなかでは、いつでも「左、右、左、右」と歩いてください。

深い休息が得られる〝起床時と就寝時の瞑想〟のやり方

それからもう一つ大切な日常的な修行があります。それは、朝起きてすぐの時間と夜寝る前の時間に、ヴィパッサナーをするのです。これはとても効果的ですし、いろいろといいことがあります。

皆さんは何時間くらい寝ていますか。「本当は八時間くらい寝たいのだけれども、いつも六時間くらいしか寝られません」という人が多いのではないでしょうか？　日本人の平均というのは、否、世界中の人間は、だいたいそのくらいの睡眠時間だと思います。しかし、ヴィパッサナーを行うと、六時間どころかもっと少なくても、八時間寝る以上に心身を十分休められるのです。

具体的にどのようにするかといいますと、六時間寝るところを五時間だけ寝て、残りの一時間はヴィパッサナーに使うのです。たとえば、夜の十二時に寝て朝六時に起きている人は、五時に起きてください。目覚ましでもかけて、朝五時になったら「さっと起きます」と言葉に出してすっと起きて、足を組んで、目は開いても閉じても好きなようにして、姿勢を正しく、背筋は必ずまっすぐにして、

「心と体を整えます」

「落ち着きます」

「リラックスします」

など、ご自分の言葉で言ってください。そして呼吸を整えてから、「膨らみ、縮み、膨らみ、縮み……」とおなかのなかの呼吸を観る瞑想をしてください。

そのときに、「瞑想だ」「修行だ」などと力んではいけません。あくまでも自然に、「ちょっとリラックスしようかな」という軽い感じで瞑想をすることが大切です。そして寒くなってきたら、「寒くなってきた」とありのままに言葉で状態を捉え、眠くなってきたら、「眠気、眠気……」と心

のなかで実況中継しながら座ってみてください。その一時間で、三時間寝ても四時間寝ても得られないような、深い休息を得ることができるのです。

身体に休息が必要なように、心にも休息は必要です。心に必要な休息は、落ち着くことです。寝ることではありません。寝れば休まる、ということはありませんよ。それどころか、寝たらかえって疲れる、という経験を持っている人も多いのです。寝ても、寝ても、どんなに睡眠を取っても、疲れが取れない、眠気が取れない、というひとたちが多いのです。目覚めたら、あくびをしたり身体をあちこち伸ばしたりして疲れをとろうとしているでしょう。ですから、朝はいつもより一時間早く起きて、その一時間を心身を落ち着かせる時間、心を統一する時間にしてください。一時間は長いと思われるのならば、最初は三〇分からはじめてください。

夜、寝る前に同じように瞑想を行うことも、とてもいいのです。ただ寝ころんで寝るときは、なかなかすぐには熟睡できないのです。すぐに熟睡できれば、一時間寝ても二時間寝ても、すばらしい休息がとれるのです。ヴィパッサナーをしてから寝れば、さっと死んだような感じになって寝られるので、本当によく疲れがとれます。自分がいたかどうかということもぜんぶ忘れてしまって眠ってしまうような、最高の眠りなのです。

どうするかといいますと、眠りにつく前に、座って、呼吸を整えて、「膨らみ、縮み、膨らみ、縮み……」と呼吸を観て、本当に眠くなるまで瞑想をしてから、「これから寝ます」と寝ればいいのです。

ヴィパッサナーが身についた人は、いくら身体が疲れても、さっとサティをするだけで心身をすーっと休めることができます。まるでスイッチを入れると電気がパッとつくように、さっと心を落ち着かせて疲れをとることができるのです。本当に身体が疲れ切ってへとへとになっているときでも、どこかで座って少し瞑想をすれば、すーっと疲れが引いていきます。

イヤなことを瞬時に消す瞑想応用法

最後にもう一つつけ加えて、日常生活でできるヴィパッサナー瞑想の説明を終わります。

皆さん、生活のなかで何か不愉快な経験をすることがあるでしょう。イヤなこと、都合の悪いこと、意に添わないことがいろいろとあると思います。

会社の上司がうるさい人で小言ばかり言われたりとか、女性の場合は、「お茶くみをしろ」「何かを買ってこい」などと命令されたりすると、イヤな気持ちになります。あるいは家にいても、気の合わない近所の奥さんが突然来て、聞きたくないどうでもいいうわさ話を喋りはじめる。そういうときは、肚が立ったり、イヤだなあと思ったりします。

そこが大切なターニングポイントなのです。「自分の意に添わない、イヤだ、不愉快だ」と思って怒ってしまうから、ひどい結果になるのです。

そういうときには、さっとサティをしてみてください。自分のなかに怒りが生まれたら「怒りが生まれてきているな」、イヤになってきたら「イヤになっている、イヤになっている」と、正しく自分の状態を観るのです。上司に理不尽なことを言われてぶん殴りたくなったら、「この人を殴りたくなってきた」と言葉で確認します。

イヤなことが起こったとき、自分が負けそうになったときに、感情的になってしまったら必ず負けてしまいます。怒ったら負けます。その瞬間に、さっと言葉で自分の状態を確認してください。別に怒りや不快感を抑える必要はありません。イヤな気持ちをそのまま確認するだけです。隣りの奥さんがつまらない話をしているのに面白く聞かなければいけないのかというと、そんなことはありません。「つまらなくなってくる」「イヤになってきている」と言葉できちんと観るだけでいいのです。

そのときにどういう言葉を使うか、ということがポイントになります。「うるさい、うるさい」というのではだめです。それは自分の瞬間的な感情に捉われ、それを言葉にしているに過ぎません。それは〝我〟が入っている言葉なのです。そうではなくて、〝我〟を離れて自分を観るのです。「うるさいと感じている」と正しく自分の状態を観察するのです。「うるさくなってきた、うるさくなってきた」と自分を客観的に観ます。少し自分から離れて自分を観る感じです。

日常的瞑想法でも一ヵ月で人間が変わる

そうやって日常生活のなかでヴィパッサナー瞑想をなさってください。すばらしい効果があります。新たな自分を発見できます。集中瞑想と同じくらいの効果があります。集中瞑想は一週間まじめにつづけるとかなりの結果を得ることができますが、日常的瞑想だと一ヵ月くらいかかるかも知れません。でも、もし本当に一ヵ月間この瞑想をきちんと実践するならば、人間が変わります。来月になると、皆さんはぜんぜん違う人になっているかも知れません。今日からぜひはじめてください。

何も「むずかしいことをしろ」とは言ってはいませんよ。「お経を憶えてください」とか、「こういう服装をしてください」とか、「これを食べてください」「宗教的な儀式をしてください」などということは一切言っていません。日常生活のなかで簡単にできることばかりです。「忙しくて修行をする時間がない」という言いわけは一切通じません。

そのように、サティをしながら生きている人こそが、本当に生きているのです。サティこそが、すべてに打ち勝つ道なのです。ただ単にボーッと生きているだけのくせに、自分は生きていると思っている人は、本当に生きるということがどういうことか知らないのです。ゆえにお釈迦さまは、

「サティのない人は、死んでいることと同じですよ」

と仰ったのです。

死んでいる状態から抜け出して、新しく生まれ変わってください。いままで長いあいだ死んでいたのです。これからは生きてみてはいかがでしょうか？

4

七覚支瞑想——悟りへの階梯

I　ここからは修行の領域――〃七覚支〃

心には刺激の波がいつも働いている

今回のテーマは七覚支（しちかくし）です。

七覚支という仏教語は、パーリ語でサッタ－サンボッジャンガー（Satta-sambojjhaṅgā）と言います。サッタ（Satta）「七つ」のサンボッジャンガ（Sambojjhaṅga）「悟りの部分」という意味です。つまり、悟りの条件となる七つの項目があって、その七つが揃ったならば悟りに達する、ということなのです。

違う言葉に言い換えれば、ふつうのヴィパッサナー瞑想を実践していくと、日常的には心が清らかになってしっかりした性格などができ上がってくるし、それなりにいろいろ徳がいっぱいあるのです。しかし、お釈迦さまが仰っている出世間的なレベルというか、超越した悟りという境地まで行くためには、ふつうのヴィパッサナーでは心はなかなか進めない。悟りに達するには、この七つの項目が不可欠なのだ、ということです。

というのも、私たちの心はやはりいつも欲の中にあって、快楽を求めてしまうのです。快楽と言ってもこの場合は〈刺激〉と解釈するべきことですが、人間に限らず生命というものは、感覚から得られる刺激をいつでも追い求めつづけているのです。

人間が生きているということは、目から耳から鼻から口から身体から、ただ単にさまざまな刺激を受けているだけで、その刺激からさらに心の中にも刺激をつくっているのです。この刺激が入ると、心は意識という波をつくる。それを私たちは〈生きている〉というのです。

ですから、この身体の中で心の動きが止まってしまえば、それは〈死んだ〉ということになるのです。人間が簡単に死なないのは、心というものはいっときも停止することなく、間段なく波を起こしているからなのです。波動のように、心が振動を起こしているのです。この振動を起こすためには、心に外からの何らかのエネルギーが必要なのです。そのエネルギーが途絶えれば、心の働きもまた止まってしまいます。

耳で何か聞く、目で何かを見る。聞いたことによって、見たことによって、心は刺激される。その刺激を受けたことから、それについて私たちはまたいろいろなことを考える。そうすると、何か聞いただけで、見ただけで、結構な時間、生きていられるのです。耳から何か聞いても、同じく刺激の波がつづいていくのです。

そういう刺激の流れはなかなか止まりません。私たちの目やら耳やらは、活動していない時間はありませんから。目を開けていれば、開けているかぎりものが見えているし、見えているかぎり刺激の止まることがないのです。

一方で、こういう状態もあります。何も見るものはない、聞くものもない、あるいは食べなくてもいい状態が人間にはときたまあります。要するに、何もやることがないときです。

そのときは、心は刺激が止まって落ち着いているのでしょうか？　とんでもありません、心は決して落ち着いてなどいないのです。心を除く五感の機能がたとえ停止しても、心にはありとあらゆる妄想が生まれてくるのです。妄想が生まれてきて、頭の中はその妄想の刺激で波がいっぱいになっています。そんな状態のとき、強い刺激を求める人は、恐ろしい妄想をしたりします。落ち着きのある人であっても、それなりに静かな妄想をしていたり、何かを考えたりしているのではないでしょうか？

このように私たちの心は、いついかなるときも、その働きはだれにも止めることができないのです。いつでも、心の中で刺激の波が働いているのです。

七覚支はヴィパッサナーのチェックリスト

心にはこういう働きの仕組みがありますから、たとえヴィパッサナー瞑想を実践しても、刺激を受けているこの循環から脱出することは、大変難しいのです。

それはたとえば、魚が水の中に棲んでいることは何でもないことでありごく当たり前のことですが、さてその魚が水の中から脱出して陸上で生活しようと思ったら、これはそう簡単にはできない難しいことになります。それと同じくらい難儀なことになります。魚が陸上で生活することを可能とするためには、魚が成長して、成長して、その結果、進化を遂げないことには不可能でしょう。つまり、魚が魚でいるかぎりは、陸上の生活はできません。

私たち人間もふつうの生命で、眼・耳・鼻・舌・身・意の六根を刺激することが生きていることになっています。六根を刺激しながら解脱を体験するということは、魚の進化と同じくらい、あるいはそれ以上に難しいことなのです。

そこで、ヴィパッサナーの実践で、人間を超スピードで進化させてしまうのです。ですから、人は人でなくなってしまう。ヴィパッサナーの智慧が生まれてくると、人間が人間でなくなってしまうのです。

そうなるにはいろいろきつい修行があるかも知れませんが、その試練を乗り越えれば、世の中の一般的な常識とか決まりとか、そういうものの無意味さとかがよく分かってきて、そこからどんどん出世間的な境地へ心が移行していくようになるのです。

ごく大雑把に言って、理屈ではそういうことです。メカニズムではそうなっています。

そういうメカニズムなのですが、ここに問題が生じるのです。先ほど「ヴィパッサナーをやっても難しい」と言いましたが、それは実はこういうことなのです。ヴィパッサナー瞑想を実践するときに、自分自身が、それこそ「進化してみよう」という意欲もなく、まったく新しいものの見方も考え方もせず、ただマンネリで瞑想してしまうと、自分がいままで持っていた概念のなかで瞑想していることになります。結果として、同じところをグルグル回っているに過ぎないことになるのです。ですから、進化するためには、いままで聞いたことがない、見たことがない尺度というか側面で、ものごとを考えなくてはいけないのです。

そのために仏教の教えがあるのです。べつに仏教の教えでなければヴィパッサナー瞑想ができないわけではないのですけれど、仏教の教えなしに瞑想すると、同じ輪廻という中でグルグルと回っていることには変わりがない、ということになってしまうのです。

とは言っても、「ただ単にヴィパッサナー瞑想する人々には何の結果もない」というわけではありません。安心してください。瞑想すればするだけ、その人の心は成長して立派な性格ができ上がっていきますし、人生の一般的な苦しみなどは瞑想を知らない人に較べてはるか簡単に消えていきます。ヴィパッサナー瞑想の実践には、そういう徳はもちろんあるのです。

しかし、悟り・解脱を真の目的とし、真の心の成長をねがって瞑想を実践するならば、やはり法(ダンマ)(Dhamma)と呼ばれるお釈迦さまの教えを受けなくてはいけない。私たち輪廻のなかにいる生命はそこで初めて、進化する方法――輪廻という悪循環から脱出するための進化過程に入る方法――を得ることができるのです。その進化過程を証明する一つの手段として、この七覚支があるのです。この七つの部分が揃ってくると、ヴィパッサナーはステップバイステップというか、各段階がスムーズに進んで行ってしまうのです。

だからといって、「七覚支を理解してからヴィパッサナーを実践しなければ意味がないのか」と早合点しないでください。七覚支は学んで理解してもいいし、べつに理解しなくてもそれで何か害があるわけではないのです。

でも、瞑想指導する側にとっては、この七覚支の説明が大変重要になってくるのです。というのは、ヴィパッサナーを修行する人がどの程度まで進んでいるのか、あるいはあまり進んでいない場合はどこでバランスを崩してしまったのか、どこに問題があるのかなどをチェックする場合に、この七覚支は非常に役立つのです。指導者が自分勝手に考えてチェックしようとしても、何の意味もないことです。あくまでお釈迦さまの教えに基づかなくては、間違いを軌道修正することもできないのです。そういうわけで、七覚支という教えが重視されているのです。

七覚支①――念覚支

それでは七覚支の項目ごとに具体的な説明に入ります。

第一は念覚支（ねんかくし）と言って、パーリ語ではサティ－サンボッジャンガ（Sati-sambojjhanga）です。サンボッジャンガのサンボッジャとは、正覚、つまり正しく悟る、という意味なのです。正しく悟るための第一番目のステップは、サティです。念と言っている、この気づくことなのです。

ヴィパッサナー瞑想はまず気づくことからはじまります。皆さんはご存じだと思いますが、どれほどサティということが難しく重大なことかが、実践する人々にはよく分かるのです。どこまでサティを実践しても、まだまだ足らない、まだまだ足らない、ということは、よくあることなのです。基本的には、ただ気づくことだけなのですが、「どこまで気づけばいいのか」ということが分からないほど、難しいと言えば難しいのです。

いちばん初めに念をはじめるときは、歩くこと、座ること、食べることとか、そういう簡単なことに大雑把に気づいていく。

「左足、上げます、運びます」とか、「右足、上げます、運びます」とか、簡単な身体の動きに気づく。「座っています」とか「寝ています」とか「食べています」とか「いま、考えています」とか。

そうやって、自分のいまの状態を、まず大雑把にできるだけ観察していく。それがサティであって、第一番目の覚支です。それから徐々に、明確に、より正確に、より精密というのか微細に、サティを入れなくてはいけないのです。

歩くことから言うと、たとえば「左足」と言ったところで、左足に意識を完全に持って行って左足を意識する。それから「上げます」と言って上げます。上げるときは、この上げるという働きを完全に意識する。

「運びます」と言って、この運ぶことを完全に意識する。

「降ろします」と降ろすときも意識する。

それで、「降ろしました」と意識する。

それから「右足」と言って、意識を完全に右足に持っていきます。

ですからその場合は、身体の各部分に意識がよく働くのです。その瞑想は、ふつうの瞑想を何ヵ月間かやったという人でも従来のやり方はひとまず忘れて、決まった修行の時間を設けて、ゆっくりやらなくてはいけないのです。それも大変厳密にやらなくてはいけない。はじめの部分ができない人には、いま言っているところはできないのです。

とにかく、左足に対して意識をもっていって、左足以外何も存在していないような感じです。他のことは何も分からなくてもいいのです。「頭がどこにあるのですか」と言われれば、どこにあるのか分からないというくらいに、左足以外は関係のないことでいいのです。「世の中の他のことはどうでもいい」という感じです。左足だけを意識して、

「上げます」「運びます」「降ろします」「降ろしました」

今度は右足をきちんと意識して「右足」と言葉をかけて、右足にスーッと意識のエネルギーを持っていきます。

そうしていくうちに、自分でだんだん分かるようになります。とことんクリアに分かるようになるのです。「意識という強烈なエネルギーが右足にいく」という感覚が分かりはじめる。そこで「上げます」と上げるのです。上げるときも、意識するのです。上げるということを「上げる」と意識してから、「運びます」と意識しながら運んで、「降ろします」と意識しながら降ろして、「降ろしました」と意識するのです。

これは大変な仕事ですよ。一本の足を動かすという動作は、結構大変な仕事です。そういうふうな大変さを感じていないなら、まだまだ集中が足らないのです。やりにくいと感じるほど、「この瞑想はややこしいことではないか、かなりきつい仕事ではないか」と分かってくるならば、結構「意識をきちんと足につけておこう」と努力している、ということです。

大雑把にやっていると、「簡単だ、単純だ」と思って、まあ「左足右足、左足右足」というふうにやってしまいますけれど――。それで悟りがひらけるということはあり得ません。

そこまでいくと、心が落ち着きます。自分の立派な性格ができ上がりますが、しかしそれはまだ、世俗的な段階の価値なのです。「商売がうまくいきました」とか、「いろいろ新しいインスピレーションが湧くようになりました」とか、「身体の健康がよくなりました」とか、「人間関係がよくなりました」とか、まあいろいろな徳が現れてくるのですが、そういうのはただの世俗的なご利益であって、そういう面を仏教ではそれほどありがたいご利益だと思ってはいません。なぜならば、死んでしまったら、それらはぜんぶ終わりますから。いくらお金が儲かっても、死ぬときはぜんぶこの世に置いていかなくてはならないのです。

ですから、そういうことは世俗的なご利益であって、出世間的な徳を目指す場合は、ていねいに大変きつい仕事として行うべきなのです。

断っておきますが、このきついというのは、身体的に筋肉がきついことではありませんよ。筋肉を疲労させるような瞑想は方法自体が間違っています。むしろ、筋肉が疲れないように実践しなくてはいけないのです。

あなたの瞑想はまだ本物ではない

足に意識をつけておくこと、それはかなりきつくて難しい修行なのです。そのように「左足、右足」と歩けるようになれば、結構サティが上手にできるようになっているのです。

それから座るときでも、ふだんは「膨らみ、縮み、膨らみ、縮み」と見ているだけで、妄想が出てきたら「妄想、妄想」だとか、痛みが出たら「痛み、痛み」とか、すごく大雑把な観察です。

しかし、きめ細かく歩く瞑想ができるようになった人なら、座ったときでもていねいに厳密に、サティで確認するようになるのです。座ってからも一つ一つ、足を組み、片手を置き、姿勢を直し、片足を置く。こういう細かいことが、極めて大事なのです。「サティを一つでも抜かすことはしないぞ」と、強い覚悟でやらなくてはいけない。

そうすると、座ってから、膨らむときでも「膨らみ」とはじめたら、「膨らみ、膨らみ、膨らみ……」とぜんぶ見ておく。終わったら、膨らみが終わったことを感じる。膨らみが終わったら、次の「縮み、縮み、縮み」、それをずっと感じているのです。

私たちが水を持ってどこかへ運ぼうかというときに、水そのものだけを持っていくわけにはいかないでしょう。何かの容器に入れて持って行くでしょう。水だけ持っていくことはできません。そういうふうな感じで、瞑想ではこの身体の動きとサティがいつでも一緒になるように努力するのです。

べつに、「必ずそうやらなくては」ということではなくて、これはあくまでも訓練次第で、努力次第でできるようになります。たとえば、「膨らみ、縮み」というのは容器で、それに気づくことはその容器に入れる水であって、それらは離れたらよくないのですから離れないように、それぐらいていねいに、「膨らみ膨らみ、縮み縮み」というのを見るのです。

だから座る瞑想は、結構何ヵ月も努力した人がようやくできるようになるのです。初めて座った人には、眠気が出るわ、足が痛いわ、背中が痛いわ、イライラするわ、ということで、それはできないのです。ですから、それがなくなるまで、まず一般的なレベルで瞑想して、それからじっと座れるようになって、何の痛みもなく座れる状態になってきたら、さらにていねいに「膨らみ、縮み」という容器にサティという水を入れているような感じで、離れないように持って行くのです。気づいていくのです。

そのときでも、それは心のややこしい働きですから、いろいろな妄想が出たり、心があっちへいったり、こっちへいったりはします。そのときには、できるだけさっさと速く確認して、できるだけ速く「膨らみ、縮み」に戻る。そうやって、より厳密にサティで確認していくのです。それができてくると、第一ステップは一応完成、ということです。この七つの段階の、七覚支の最初の念覚支を、完成とまではいえないかも知れませんが、「まあ、いくらか上手になりました」ということになるのです。

七覚支②――択法覚支

念覚支がうまくいっていると、ごく自然に択法覚支(ちゃくほうかくし)という二番目の段階が現れはじめます。パーリ語で言えばダンマヴィチャヤ－サンボッジャンガ（Dhammavicaya-sambojjhariga）です。

だいたい一番目の項目がうまくいくと二番目が現れてくる、そういう自然なシステムになっています。お釈迦さまの教えが卓越しているのは、そういうところなのです。わざわざ人がそうしなくても、自然にその道で進んでいけるようになるのです。なぜそうなるのかと言えば、それは法則だからです。法則はだれが言おうが言うまいが関係なく、法則の通りに変化するのです。

択法覚支とはどういうことでしょうか？　私たちはサティをもって現象を確認するのです。膨らみという現象、縮みという現象、歩くという現象、座るという現象、見るということ、聞くということ、身体の動き、心の動き。それはぜんぶ、いろいろな関係から生まれてくる現象なのです。

たとえば、何か見ている。見ているということは、目が開いていないと見えませんし、光がなければ見えませんし、見たいという気持ちがなければ見えませんし、見える対象がなければ見えません。それで見えているという現象が生まれてくるのです。見るための原因が一つでもなくなれば、見えなくなるのです。たとえば、対象が消えてしまえば見えないし、目を閉じてしまえば見えない。そのときは、見ているという意識も、見たことによって起きる感情の変化もない。

ですから、そういうさまざまな原因で生まれた現象、ありとあらゆる現象を、サティで確認していくことが必要なのです。

そのように、いつでもいやになるほど確認する。確認していくと、それまではサティだけで余裕どころか歩けないほど難しかった自分の心に、ある余裕が生まれるのです。本当は、もしていねいにサティをもって歩こうと思ったら、歩けなくなってしまうほどややこしいのです。身体が動かないほど、動かすことさえややこしくなるほど、サティを入れなくてはいけないのだから、言葉で確認しなくてはいけないのだから、余裕はないのです。それでも頑張っていると、上手にサティができるようになってきて、そこに余裕も出てくる。

それで簡単に、「膨らみ膨らみ、縮み縮み」というふうに、歩く瞑想ならば足の動きを「上げます、運びます、降ろします」というふうに、確認できるようになる。それと同時に、身体の動きも簡単に確認することができるようになる。なったところから、現象をより明確に観るのです。

択法というのは、そういう意味です。自分でいままで確認していたその同じ現象を、今度はより明確に観る、ということになるのです。つまりは分析してみることです。

分析と言いましたが、誤解されるといけないので、「わざわざ分析する必要はない」と言っておきましょう。分析に神経がいくと、また妄想の世界に入りますから。いままで自分が勉強してきた知識でやってしまいますから。そういうのは現実ではなくて私たちの知らない世界なのです。分かりやすく言えば、嘘の世界なのです。

「身体のなかに胃があります」

と言われても、それはお医者さんの言葉だから信じているだけで、自分では見たことがありませんね。私たちは、

「お腹をこわしてしまったから、お腹が痛い」

というくらいのことは知ってますけれど、結局そのときは、胃が痛いのか、お腹の筋肉が痛いのか、

分からないのです。知識を駆使したならば、

「胃の筋肉が痙攣を起こしている」

などと言えるかも知れませんが、それは知識の世界であって、仏教から見れば、ほんとうに体験している世界ではありません。だから、わざわざ現象を分析しようとはしないのです。

落ち着いて、サティができるようになったところで、何となく分析的な能力が生まれてきます。いきなり、

「ああ、なるほど。こういうことなのだ」

と理解できるようになるのです。

瞑想していて音が耳に入る。気になる場合は、「音、音」と確認していく。たまに音について、自分で心に波をつくってしまいます。つまり、音を聞いて何かを判断してしまうと、必ずそこに心の振動が起きるのです。「あれは鳥の声だ」とか、「あれは怒りの声だ」とか、「あれは何とか何かで人が喋っているんだ」とかいうように、それによっていろいろな妄想が生まれてくるかも知れません。それが生きていることの証明でもあるわけですから。

同じように音を聞いていても、座ってヴィパッサナーをしていて、膨らみ・縮みにサティがよく入って統一していれば、そのときに同じ音が次に現れても、今度は現れたけれども、自分がかすかに音であるとは何となく分かっても、心はそこにいかないのです。耳に入ったことは入ったのだけ

ど、結局聞いてないのです。その間自分が「膨らみ、縮み」に入っているのです。

そういうとき、瞬間にことの事実関係が分かりはじめるのです。

「あ、なるほど、聞こうと意識を向ければ聞こえるんだ」

つまり、〈聞こうという意識があったら聞こえるのだ。聞こうという意識があってこそ聞こえて、聞いたならば、それなりに怒りやら、嫉妬やら、欲やら、なんだかんだと感情として生まれてくるのだ〉という事実が分かってくる。もし聞こうと思わなかったならば、音がそこにあってもなくても、べつに心には、いろいろな現象が生まれません。波は起きません。

「バカ」といわれたら怒るのは当然か——因果関係の選択肢

歩く場合も、やはりみんなが思っているのは、機械的にオートマティックのシステムで、「私たち人間は自動的にただ足を動かして歩いているんだ」ということです。

しかし、徹底的に意識についていっている場合は、「上げます」と意識がいかないと、足が上がらない、ということが分かるのです。

ふつうの人間には、絶対そういうことが分からないのです。人間は簡単に、無意識的に歩いているとみんな思っています。しかし、ぜんぜん無意識的ではないのです。実際には、一歩一歩「上げたい」という意識があって、足が上がるのです。ていねいにていねいに足に意識を入れると、足が上げられない場合もあるのです。

「左足、降ろしました」

と言っても、たまに頭が真っ白くなって、動かない場合もあるのです。

それはどういうことかと言うと、心が疲れているからかも知れませんが、左足に意識がいってないのです。いっていないから、上げられないのです。

「あれ、右足が上がらないぞ」

と歩けない状態に気づく。そこで、

「右足、上げます」

と意識がいったら、簡単に右足が軽くなって、上がりはじめるのです。智慧というのは、そういうときに体験的に現れてくるのです。

そのとき、その人には分析的に、

「右足、上げます」

という働きはどうやって生まれるのかという流れが、意識と身体の動きの関係が見えてくるのです。これもひとつの因果関係なのです。

これは、瞑想がうまくスムーズに進むときにかぎって分かるのです。どこかで壁にぶつかって止まっている場合は、因果関係が分からない。修行をやっている人の瞑想がスムーズに進んでいるならば、因果関係にチラッチラッと気づくのです。足が上がることに、「なるほど、意識があって足が動く、意識がなかったら、そこに歩くという現象はないんだ」と、体験で分かってくるのです。このように体験で分かってくると、世の中のものごとに対してでも、かなり心が変わるのです。

分かりやすい事例として、「人が怒った」という場面を考えてみましょう。一般人の考え方で見れば、「その怒る場面や原因があるのだから、怒るのは当然ではないか」と思うでしょう。「その人は怒るべくして怒ったのだ」と考えてしまう。しかし、それは当然のことではないのです。

本当はその人は、自分で勝手に怒りたいと思って怒っているのです。意識がそこにあるのです。なぜならば、人が何か言った。それをある人が聞いた。聞いた人がそれで怒りました。同じその人ですが、怒ることもできるし、怒らないでいることもできるのです。その人が言っていることについて、ニコニコと笑うこともできるでしょうに。

もっと分かりやすく言えば、ある人が私に、

「あなたは、本当に頭の悪い人ですよ」

と言ったとする。そこで私にすれば、カッとして怒ることもできるし、

「ああ、そうですか」

とその言葉を無視することもできる。それを冗談と取ってニコニコ笑うこともできるし、いろいろなことが自分の意識でコントロールできるのです。

ですからそういうのは、ぜんぶ自然な流れではない。「きれいな女の人を見たら欲が生まれるのは当然ではないか」と世間では言うでしょうが、それは当然ではないのです。そういうものなど自然ではない。本人の意識でそう思ったから、欲望という気持ちが生まれているのです。怒りたいから怒っているのです。けんかしたいからけんかしているのです。

「社会の関係がやたら複雑になって、ややこしくなっているということは、その社会の人々が自分たちでそうさせているのだ」というふうに、社会における意識の働き、心の働きが、明確に見えてくる。それも択法覚支なのです。

この択法覚支という智慧は、サティを実践すると、必ず生まれてくるものです。

「よし、これから択法覚支を頑張ろうではないか」

と思って頑張っても、現れるものではないのです。

また、「この気づくことで何が分かりますか」と言ってもこれはいろいろで、ここからの指導というのは、いつでも個人差があるのです。いま私が言った智慧は、みんなに同じように現れるわけではないのです。その個人個人の気づきの内容によって、形がちょっとずつ変わるのです。それを私は、あるひとつの気づきの例で説明しました。起きることで、ものを見ることで、歩くことで、「こうなるんではないか」と、それぞれ違う因果関係に気づくことなのです。

この因果関係について、仏典のさまざまなところで説明されています。たとえば、人の声が耳に入って、そのとき自分が怒りました。なるほど、あの人の声が入って怒りました。ところが、同じ人の声が再び耳に入る、そのときは怒りませんでした。そうなると、同じ音によって怒ったり、怒らなかったりするわけです。同じ音でも、同じ人でも、怒ったり、怒らなかったりする。

たとえば、「あなたバカです」という言葉のイントネーションによって、怒ったり怒らなかったりするのです。「あなたバカです」と言ったら、怒るのは当然ということには決してならないのです。それを言う人の、ただのイントネーションによって、聞く人が怒るか、楽しくなるか、つまらなくなるか、その感性の波の性質は変わるのです。不思議な世界ですよ、真実の世界というのは。

ですから、一般の社会では、

「あなたはけなされたんだから、怒るのは当然ですよ」

というふうに言います。これが常識の世界です。けなされたということさえもそれぞれの解釈であって、たとえばバカですと言われたことで、けなされていると解釈します。けなされたと解釈したからこそ、怒ります。

しかし、それを、

「あの人は私のことが好きなんですよ。だから、私にバカと言っているんだ」

というふうに解釈したら、怒るんではなくて、気持ちよくなってしまうのです。そういう面を理解すると、見方、考え方が違ってくるでしょう。

怒ろうが、気持ちよくなろうが、暗くなろうが、明るくなろうが、落ち込もうが、それらすべてがその本人の勝手で、自分の責任で、自分の意志でやっているのです。そういう心のカラクリが見えてくる。それは因果関係の発見なのです。

択法覚支が現れると、そうやって因果関係を発見できるようになるのです。

一挙手一投足が心の状態を表す——ナーマとルーパの関係①

択法覚支が現れると、ナーマ・ルーパ（名色（みょうしき））の区別が見えてきます。すでに説明したとおり、ナーマ・ルーパとは、心の働きと、物質的な働きの総称です。ナーマ（名）は精神的なエネルギーの波、ルーパ（色）というのは物質的なエネルギーの波。その二つの区別に気づくのです。

心に落ち着きがないと、この区別は分かりません。サティがよく実践されて落ち着いている人にだけ、それが分かるのです。

どのようにナーマ・ルーパの関係が分かるかというと、たとえば足といったところで、足というのはルーパ、物質のかたまりなのです。物質のかたまりは、自分で動くことはぜんぜんしません。物質のかたまりが動くためには、違う物質的なエネルギーを入れるか、心のエネルギーを入れるか、どちらかしか方法はないのです。それが見えてきます。そこで、

「あ、自分が足を上げたいんだから、足を上げて、運んで、降ろします」

と。それから、

「足の動きというものは、心のエネルギーがあってこそ、こんな重い足が動いているんだ」ということが分かる。自分の足をはかりで計ってみたら、結構重いでしょう。計ったことはありませんが、足一本の重さというのはだいたいどのくらいでしょうか？　たとえば十キロにしたって、十キロの重いものでも、意識が入りさえすれば簡単に動くのです。

手を上げる場合を考えてみればよく分かるでしょう。手を上げようと思ったら、五キロくらいある重い手が簡単に上がるのです。

たとえば、落ち着かないで手を上げる場合と落ち着いて手を上げる場合、その心の状態によって手の上げ方が変わります。落ち着いている人の場合は、すばやく手を上げることもできる。

だいたいこの身体の動きの場合、品格がある人というか、品のいい動きを示す人々は、精神的に落ち着いているのです。本を置くにしても、コーヒー一杯飲む動作にしても、何があろうが美しくするのです。そういう人々は、結構落ち着いているのです。いわゆる育ちのいい家庭の人々というのは、何でもかんでもていねいです。そうではないところで育てられた人々は、何となく荒っぽい、粗暴な生き方をしてしまうのです。

それは、心の状態の反映なのです。親の育ちがあまりよくない場合は、子供の食べ方やら歩き方やら靴のはき方やら脱ぎ方やら、ぜんぶいい加減で、それはひどく心が荒れて暴れている状態なのです。それがよく見えるのです。「手を上げます」と言ったら、その人の心の状態によって、手を上げるのです。行為は心の反映です。だから、人の手の上げ方を見ただけでも、その人の心はどれくらいのレベルか、どんな状態の心か、ということが見えてくるのです。

ヴィパッサナーの智慧がある人は、

「あ、この人はこういう心の状態なんだ」

ということが、すぐに分かるのです。そこで、

「手を上げます」

と確認したら、心のエネルギーで手を上げさせていることが見えてくる。

「下げます」

と確認する場合も、ふつうの人は、「これは地球の引力で下にいっているのではないか、これは物理的な法則だ」と思ってしまうのです。それはまったくの間違いです。もし物理的な法則で手を下ろすのならば、手はストーンと落ちてしまうはずです。でも、私たちの手は、そのように落ちることはない。

上げた手がストーンと落ちたことは一度もないのです。ということは、手を下ろすときも、ちゃんと意識でそれをコントロールしている。地球の引力に逆らって、意識が働いているのです。ちゃんと調子を合わせて、ていねいに、けがをしないように、手を下ろす動作をうながしているのです。

心と物質の働きを区別する――ナーマとルーパの関係②

たとえば、ある人が気絶したとします。人が立っていて、急に熱いお風呂に入っていて、急に立ち上がろうとしたら、めまいがして身体が倒れたとする。なぜ倒れたかと言うと、立ちくらみがして、立っていられなくなったのです。

だいたい、人間のこの身体が立っているということ自体、決して自然ではないのです。

立つ瞑想とは、

「私たち人間はただ立っているのではない」

ということに気づくために実践するのです。そのために、立つ瞑想をやらせているのです。要するに、「あなたは〈立っている〉という意識がなければ立てませんよ」ということを知るためなのです。

もし立っている人が眠くなったら、どうなるのですか？　意識が「眠りたい、眠りたい」というほうに流れて、「では、寝よう」と、寝ることにするのです。そうすると、「立っていよう、立っていよう」というエネルギーのほうは、消えていってしまうでしょう。立ったままでじっと寝ていることはできません。要するに、人の身体というのは、物理法則で立たせてあげることはできないのです。心の働きで立っているのです。

電車のなかなどで疲れて半分眠っているときなど、吊り革につかまっていなければ立てないでしょう？　足があるのだから物理的には立てるはずなのに、立っていられずに崩れ落ちてしまうのです。要するに、

「〈二本の足で立つ〉という簡単な行為にさえ、二種類の働きがあるのだ」

ということです。一つは物質的な働き、もう一つは心の働き。そういうナーマ・ルーパの働きが、どんどん見えてくるのです。

人が歩いたり、立ったり、仕事をしたりしていると、だれでも疲れてしまって、どこかに腰を掛けたくなります。意識が、「立ちましょう、歩きましょう、これやろう、あれやろう」とずいぶんいろいろなことをやっていたので、意識自体もいくらか休みたくなるのです。身体を動かしている場合は、「身体を動かしておかなくてはいけない」という意識が働いていますから、意識の方も休めない。立っている状態では、心身共に休めないのです。

「立ってます、立ってます」という意識のエネルギーがずっと休みなく働いていないと、人間は立っていられません。腰を掛けて休んでいる状態というのは、明らかに物理学的なエネルギーでしょう。

たとえば、眠っていて心の意識が座りたいと思わなくても、椅子に座らせてあげることはできますから。椅子には座っているんだけれど、人は眠っている。そういう状態であれば、身体にいくエ

ネルギーはかなり少なくなりますから、心はいくらか休めます。

そのかわり、座ったところで意識はすぐ違うところに働いて、妄想などをはじめてしまうのです。瞬時も休息というものがない。心には暇がありません。ちょっと休もうとすると、すぐに妄想をしてしまうのです。

もちろん座ったら、身体にいくエネルギーはいくらかカットすることができます。そもそも、休むときには、なぜみんな横になるのでしょうか？　なぜ寝るときに片足で立って寝ないのでしょうか？　それだと休めないからです。横になったら、身体を動かすために意識のエネルギーは、まったく要らないのです。ですから、病気になったら、みんな横になる。眠くなったら、みんな横になる。そうすると、身体にいく意識のエネルギーはその分ストップする。ストップして、心だけ自分で活動しはじめてしまう。それで心は、身体という物質を休ませてあげることができるのです。そのために横になるのです。

ですから、ヴィパッサナーでは「行（ぎょう）・住（じゅう）・座（ざ）・臥（が）」と言って――行は歩くこと、住は本来、住むという意味ですが、ここでは立つことです――お釈迦さまは、

「歩くこと、立つこと、座ること、横になること、という四つの働きに、きちんとサティを入れなさい」

と指導されているのです。

それはどういうことかと言うと、「その四つをきちんとサティしていくと、やがて身体という物質の働きと心という精神的な働きの波を別々に区別できるようになるのだ」と知っているからなのです。

「座りたい」という気持ちがなければ座れませんし、「立ちたい」という気持ちがなければ立てませんし、「横になりたい」と思わなければ横になれないし、横になったところで、

「なるほど、心の波は身体のほうにはいかないで、他の方向に流れたりするのだなあ」

というふうに、ナーマ・ルーパの二つが別々に見えてくるのです。

II　あなたの瞑想はまだ本物ではない

択法覚支の分析能力

択法覚支の話をつづけます。

立つ瞑想とは違って、座る瞑想をすると、激しく妄想が起こるのです。何もやらないで、どこかで座ってただボケーッとしていると、いろいろな妄想がわいてくるでしょう。だれでもよく知っていることです。あまりにもいろいろな余計な概念がわいてきてしまって、妄想から欲や怒りがかきたてられると、さまざまなトラブルのもとにもなります。

それだと困るので、皆さん、走ったり、歩いたり、ひっきりなしに何か身体を動かすことにしているのです。なぜそうするかと言うと、身体を動かしていると、心は身体を動かす仕事に集中するから、忙しくて心には妄想する暇がなくなってしまうのです。その分、妄想はだいぶカットできます。

座って、何もしないでじっとしていると、どうしても妄想ばかり湧いてくるのです。身体のために使っている心のエネルギーが、妄想を回転させるために働いてしまうのです。

そのような心と身体（ナーマ・ルーパ）の働きが、二つ別々のものとしてきれいに見えてくるのです。これも択法覚支です。

そこからさらに、「一つ一つの現象はそれぞれ違うのではないか」という智慧がまたすぐに生まれてくるのです。ふつう私たちには一つ一つの現象がひと繋がりのものとして認識されるのですが、それが一つ一つ独立した現象として捉えられるようになってきます。

たとえば、座る瞑想をしている人がいて、耳に音が触れたことを意識したところで、急に顔面がかゆくなった。そこで顔のかゆみを意識する。「かゆみを意識したその意識と、音が触れたことを意識したその前の意識はまったく違う」ということに気づくわけです。すぐ前の現象といまの現象とのあいだの、強烈な差が見えてくるのです。

座っていて、足が痛くなった。痛くなっても人は平気なのです。では、かゆくなったら平気ですか？　生理的に言って、かゆみは平気ではありませんよ。ちょっとかゆいだけなのですけど、我慢できないのです。一方痛みのほうは、激痛になっても、我慢しようと思えばかなり我慢できるのです。もし嘘だと思う人は、かゆみを我慢してみてください。我慢できるはずがないのです。この痛みとかゆみ、相前後して起こる二つの現象ですが、違うものです。

座っていて眠くなってきた。そこで眠気を見て、さらに身体を見ると、眠気の心と身体の状態が別々に見えてくるのです。ところが、眠気を取り払おうと足を組み替えたり、あるいはだれかが発した音が突然耳に入ったりなど、何かちょっとした変化が起こると、すぐ心は目醒めてしまいます。

あの目醒めた瞬間の、眠気がどこかへすっ飛んでしまった状態、眠気がない瞬間のそのときの身体の状態を見ておきましょう。眠気が消えた瞬間、あの身体のだるさ、硬さが、一瞬でふっ飛んでしまうのです。時間なんてかかりません。「いま身体がだるくて眠いのだから、十分ぐらいかけて意識的に何かをして眠気を取らなくてはいけない」などという話ではないのです。瞬時に変わるのです。眠くて眠くて首を振りながら眠気を振り払おうとしていた人が、次の瞬間に目が醒めてしまい、身体も電気ショックを受けたようにサザッと活動的に軽快になってしまう。

そうやって、「前の現象といまの現象に、ここまで強烈な差があるのだ」と分かってきます。「前の身体といまの身体はずいぶん違うのではないか」と見えてくるのです。

あるいは、座っていてもあまり気持ちが乗ってこない場合など、座ることをやめて立って、立つ瞑想をしたり、歩く瞑想をしたりする。歩く瞑想をしているときの身体と心の状態、座っているときの身体と心の状態、そしていま立っているときの身体の心に状態を見たら、「まったく別々ではないか、同じものではないのだ」と気がつくのです。

「その瞬間その瞬間に、違う物質（ルーパ）があって、違う心（ナーマ）があるのだ」ということに気づいていく。「一つ一つの現象は、前の現象と関係のない新しいものである」ということが見えてくるのです。

もしその智慧が現れたら、それも択法覚支なのです。

『清浄道論』の択法覚支の説明は覚書

この択法覚支の場合、ヴィパッサナー瞑想をして何に気づくかは、その人の能力次第です。もちろん、その人の興味次第で大きく変わりますけど、それぞれで気づくものはたくさんあります。西暦四世紀ごろに書かれたテーラワーダ仏教の文献『清浄道論（Visuddhimagga）』などには、たくさんそういう記録があるのですが、そのような本やテキストを読むと、みんな瞑想ができなくなってしまうのです。

なぜかと言えば、とにかくひとつひとつが細かく複雑に観察されていて、「そんなに精密にサティすることなどとても難しくて、自分には到底できない」と匙を投げだしたくなるほど詳細に書かれているからです。読めば読むほど、「自分にはそこまで気づくことはできない」と考え込んでしまうはめになるのです。「いま自分がやっているような瞑想では、何百年たっても悟れるはずがない」と失望するかも知れません。

しかし、『清浄道論』に列挙されていることのすべてに気づく必要も、またないのです。リストのうちどれかに気づくことができれば、それが択法覚支になるのです。『清浄道論』にかかれている択法覚支の説明は、あくまでも本格的に正しく修行をする人の場合に必要な覚書なのです。

真剣さが足りないから択法覚支に進めない

そこで、「なかなか択法覚支に進めない人はどうしたらいいか」という問題が出てきます。具体的には、サティは入れるけれどそれが中途半端で、今日は頑張るけれど明日や明後日は怠けてしまって、次の週になると一日中とことん瞑想をする、というように、自由気儘に瞑想をしている人の場合は、だれが考えてみても、それほどうまくサティをやっているとは言えないのです。

本当は、二十四時間体制で予定を立てて、できるだけ時間を決めてとことんやらないと、次のステップへなどとても進めないのです。ある日はとことん頑張ったり、ある日はいい加減にやったり、というように気分次第でやっている人々は優柔不断なのです。優柔不断では、ヴィパッサナーはできません。真剣であることと真面目であることも習ってほしいのです。しかし、ストレスにならないようにも注意するのです。

俗世間の仕事をたとえにして説明します。真面目に真剣に仕事をするべきだ、というのは当たり前の話です。仕事の基本定義は、他人の役に立つ何かをしてあげて、それに適した報酬をいただいて自分の生計を立てることです。中途半端な仕事は悪行為です。サービスを受ける人を裏切ることにもなるし、人を騙して収入を得ることにもなります。

仕事は真剣に行うべき、ということに異論はないと思います。しかし、仕事でストレスが溜まること、失敗が多いこと、上司に怒られること、部下が話を理解してくれないこと、時間どおりに仕事が終わらず残業するはめになることなどはよくある現象です。私は、すべての仕事が専門職であると思っているのです。どんな仕事にも特定の能力が必要です。みんな自分に与えられた仕事の専門家になれば、気楽に自信を持って効率よく仕事ができるのです。歌手に医者の仕事は無理です。医者が突然、歌手になることも難しいです。しかし、医者にとって自分の仕事は毎日行う簡単な作業です。充分な知識と訓練が備わっているので、失敗しないという自信があります。歌手には、ちゃんと簡単に歌えるという自信があります。専門家にとって、自分の専門分野は簡単に感じる世界なのです。すべての仕事がそれぞれ専門職であると考えるならば、どんな仕事でも落ち着いて楽しく、自信を持って行えるものになります。サービスを受ける側も安心します。すべての人が自分の仕事に慣れて専門家になったら、この世は楽しい世界に変わることでしょう。

解脱を目指すヴィパッサナー実践は、世間の仕事ほど簡単ではないのです。表面的に、簡単に見えるだけです。真面目に修行しようとすると、ストレスがかかります。失敗がたくさん起こるので、焦ったりもします。落ち着くはずの瞑想が、落ち着きを破壊する結果にもなりかねません。ストレスが起きない方法は、たくさん仏典にあります。瞑想指導者は、その場その場で修行者の個性を考えながらストレスを緩和する方法を教えるのです。

ヴィパッサナーは楽にはできません。サティの実践は、真剣に取り組もうとする場合は、それこそいい加減な気儘なやり方では、当然ながら前へ進めないのです。必ずどこかで壁にぶつかってしまうのです。

中途半端にやっているとどういう壁が立ちはだかってくるかというと、毎日何となくやっていると、無意識にやってしまって真剣にやっていないので、それが癖になるのです。

「手を上げます」「足を上げます」とか、

「歩きます、左、右、左、右」とか、

「座ります」「食べます」とか、

「膨らみ」「縮み」とか、

確認は一応するのだけれど、あまりにも習慣としてだけやっているので癖になってきて、癖になると、それはマンネリズムになってしまうのです。そうすると、智慧そのものがひらめいてこなくなるのです。

そうなると進歩というものがなくなりますから、やがて「どうしたらいいのか」と、私のところに聞きにくるのです。どうしたらいいかと言われても、結局私の答えは決まっているのです。

「とにかく、もう一度真剣に、厳密に、サティを入れなさい。それしか方法はありません」

真剣にやった人は「これからどうしますか？」とは聞かないのです。聞く必要はないのです。スッスッスッと自然に進んで行ってしまうのです。

真剣にやらなかった人は、中途半端な取り組みのおかげで、長い時間を無駄にしたことになるのです。こういう人は、案外自分では真面目にやったという気持ちの人が多いので、一週間、二週間、一ヵ月、なかには一年、二年、三年とかやっている人もいるのですが、サティの力が足りないままなのです。そこでマンネリになってしまったのです。ずいぶん簡単に、

「左足上げます」「運びます」「降ろします」

と実況中継してはいるのです。座っても、

「膨らみ」
「縮み」
「妄想している」
「妄想している」
「怒っている」
「足が痛くなっている」
「痺れている」

とか確認することは、だれにでもいとも簡単にできるのです。ところが、そういう中途半端なサテ

ィをやっていると、心は前へぜんぜん進めなくなってしまって、その結果、スランプに陥ってしまう。択法覚支には進めなくなってしまうので、その壁を破らなければいけない。壁を破って、強引にでも択法覚支に進まなくてはいけないのです。

それでどうすればいいのかというと、やはり一番いいのは、仏教の話を聞くことなのです。仏教の説法をとことん聞くことです。説法を聞いて、自分が引っかかっている世間的な概念をすべて破って、強引にでも新しい視野を開かなくてはいけないのです。

ヴィパッサナーでスランプに陥ったら――信を強化する

それから、マンネリでスランプに陥った人々は、強引にでも仏・法・僧に対する信を強化したほうがいいのです。信とは「確信」という意味なので、人格者としてのブッダ（仏）の偉大さ、ブッダの教え（法）の素晴らしさ、聖なる阿羅漢たち（僧）の生き方などを考察して、信を強化するのです。その結果、「自分もしっかり頑張らなくてはいけない」という気持ちが、おのずから現れるのです。

スランプに陥るのは、決してお釈迦さまのせいでも、教えている私たちのせいでもありません。本人のやり方次第なのです。わざわざ法を聞かなくても、進む人は進むのです。ヴィパッサナー瞑想とは、ただ真実に気づくだけのことですから。

ただ真実に気づくだけのことなので、たとえ仏教がなくても、べつにお釈迦さまの話を聞かなくても、同じ真実に気づくはずなのです。お釈迦さまが無常のことを教えたその言葉に触れることがなくても、もし一切の現象が無常であるならば、正しく観察する人には無常が発見できるはずなのです。

択法覚支が進まない人は、どこで「進んでいない」ということが分かるのでしょうか？　瞑想自体、ヴィパッサナー自体がスランプになってしまうと、

「何をやっても、同じところではないか、グルグル回っているのではなかろうか？」

と不安を感じはじめるのです。「自分は果たして、どこか、何か、変わってきているのだろうか」と思ったりします。「いったいこれをやって何になるのですか」「このあとどうなるのでしょう」という気持ちを訴えるようになります。

しかもそれらの人々は、「自分はいま、ヴィパッサナーがよくできている、サティもよくできている」と自己過信しているものです。しかし、変化のない自分、進歩を実感できない自分に疑問が出てくるのです。

そのような場合、修行者は、「法を聞いて、仏・法・僧への信を強化して、とことん頑張ってみる」という方法をとらなくてはいけないのです。

妄想にまでサティを入れる

その上で、スランプに陥っている人は、気づきの実践方法を変えてみるのです。修行する場所を変えてみたり、歩く・立つ・座る瞑想のローテーションを変えてみたり、真剣に瞑想しているように思える人々と一緒に修行してみたり、食事をコントロールしたり、雑事を行うときも真剣に気づきの実践をしたりするのです。要するに、修行にできるだけバリエーションを入れてみることです。

これらは、サティを徹底的に行うための方法なのです。この場合は、

「左足上げます」「降ろします」

などと簡単に確認するのではなくて、ていねいに確認することが大事になってきます。ふつう瞑想指導では、「妄想がていねいに確認する素材は、一番いいのは妄想が出たときです。ふつう瞑想指導では、「妄想が湧いてくるたびに、ひたすら「妄想、妄想」とサティを入れて妄想をカットしなさい」と教えています。しかし、スランプに陥った人は、「何を妄想しているのか」と、その中身までを分析することに挑戦します。つまり、分析的にサティを入れるのです。

もっと詳しく説明しましょう。たとえば、座りました。膨らみ・縮みを見はじめました。

「膨らむ」「縮む」「膨らむ」「縮む」「妄想している」「妄想している」

とか、そんな感じで、終えるまでずっと実況中継します。何の変化もありませんね。足が痛くなった。そこで、

「痛み」「痛み」「痛み」

痛みは消えました。そこでまた、

「膨らみ」「縮み」「膨らみ」「縮み」

と戻ります。そこにまた妄想が出てきた、

「妄想」「妄想」

とサティを入れます。

「考えている」「考えている」

でもいいのですが、妄想が起きたことを実況中継しているだけで、何の変化もない、グルグルグルグル回っているだけなのです。

いままでの場合は、この段階でマンネリになってしまう、妄想がひどく強烈にわきあがってくるのです。

「膨らみ」「縮み」

とただ反射的に、習慣的にサティしているだけですから、心に刺激が足りないのです。心は刺激を受けていないから、心は思う存分、激しい勢いで妄想してしまうことになるのです。

妄想を六種類に分類する——貪・瞋・痴と不貪・不瞋・不痴

サティを徹底的に行うために、「そこで自分が何を妄想しているのか」と分析してみるのです。これまでのように、ただ「妄想、妄想」と実況中継しないで、「これは欲に関する妄想である」「これは怒りに関する妄想である」「これは無痴に関する妄想である」というように、「貪・瞋・痴（欲・怒り・無知）」に分けて妄想を分析してみるのです。

妄想の種類は簡単に分けられます。欲に関する妄想というのは、自分の好きなことに関する妄想です。好きなことが思い浮かんだりする場合は、欲（貪）に関する妄想だとわかります。きらいなこと、気持ち悪くなること、いやなことを妄想する場合は、怒り（瞋）に関する妄想です。何かボーっとしてわけの分からない妄想が出てきたり、取るに足らないどうでもいい妄想がわいてきたりする場合があります。そのときは無知（痴）に関する妄想です。そのように、妄想自体を貪・瞋・痴に分けてみるのです。

この分析的なサティに取り組むと、ヴィパッサナー瞑想はかなり難しくなります。「難しくなるのだから、さらにサティを真剣にやりなさい」ということになるわけです。サティを完成しないかぎりは、本当の択法覚支は現れません。サティの進み方はあくまでも自然法則であって、そのための工夫が貪・瞋・痴に分けてみることなのです。

そこで、妄想を貪・瞋・痴に分けることまでできるようになったとします。「それからどうしますか？」という人が出てきます。

その場合は、「「不貪・不瞋・不痴」の三つも入れて、妄想を六つに分けてください」と指導するのです。そうするとまた、さらに瞑想は難しくなってくるのです。六つに分けるのですが、ここまで細かく分けてしまうと、たいていの人は分からなくなってしまいます。これは欲（貪）に関する妄想なのか、あるいは欲を離れる不貪に関する妄想なのか、ちょっとやそっとでは区別できなくなってきてしまいます。

なぜならば、欲の妄想は気持ちがいいのですが、欲を離れる不貪の妄想もまた、気持ちがいいものだからです。瞑想を続けると、欲から離れた状態に気持ちよさを感じるのです。とはいえ、不貪の妄想のときに気持ちとしては何も感じない場合もあります。感じ方にはかなり個人差があるので一概には言えませんが、分類する本人にとっては、かなりややこしい仕事になってきます。

それに比べて、怒りに関する妄想は分かりやすいのです。怒ると気持ちが悪くなって、暗くなってしまいますから。怒りの反対である不瞋の妄想というのは、生命を慈しむ気持ち、他者を大事にして、他の生命の気持ちをよく理解してあげる妄想です。

たとえ自分の敵のことや、いやな人のことが妄想として思い浮かんでも、

「あの人も一所懸命頑張っているのだから、自分と同じように大変な人生を送っているのだから、元気に幸せに頑張ってほしい」

と相手の幸せを願い気持ちが出てくると、それは怒りの反対である不瞋の妄想です。不瞋の妄想が現れるとき、気持ちよくなる場合もあれば、それほど気持ちよくならない場合もあります。

すごくいやな人のことが思い浮かんで、怒りの妄想が回転し始めても、

「自分は長い時間、長いあいだ修行をやってきたのだから、やはりいやな人のことをいやだと思ってはいけないのだ」

とすぐに気がついて、妄想対象に嫌悪感を抱くことなく、

「その人も、それなりに幸福になってほしい」

という不瞋の気持ちに変えることはできます。

でも、そう思うことは、どちらかと言えば、自分にとっては不自然な行為です。もともとはいやな人なのだから、思い浮かんだら最初にすぐ怒りが出るのは、自分にとってはその感情のほうが自然なのです。怒りが出てこないのはいくらか不自然なことで、それほどいい気持ちにはならないのです。無理をしているので、ちょっときつく感じるかも知れません。

いまの例のように、怒り（瞋）に関する妄想なのか、不瞋に関する妄想なのか、いったいどちらに入れていいのか分からず、分類上の区別ができなくなってしまう、ということも起こります。無知（痴）の妄想の場合は、わけの分からない妄想だから、すぐに分類することができます。しかし、痴の反対である智慧（不痴）の妄想とはいったいどういうものなのかと、これまた分からなくなっ

てしまうでしょう。

自分の智慧に基づいて妄想していることなのでしょうか？　智慧に基づいた妄想とは、どういうことなのでしょう。あえて説明すれば、冷静にものごとが見えている場合には、智慧の妄想と言えるかもしれませんけれど。

ここで大切なのは、「智慧（不痴）の妄想が出るようになったら、これは立派に次のステップに入っている」と言ってもいい、ということです。そこまで進めば、スランプは脱したと言っていいと思いますよ。

とにかく、スランプになってしまったら、貪・瞋・痴に加えて、不貪・不瞋・不痴も入れて、すべての妄想を分類してみる。そういうサティを実践してみることです。

「サティは簡単」という人は真剣にやっていない

ところで、サティの修行について、「楽ちんに気持ちよくやっていますよ」と言う人がいるとすると、ちょっと心配なのです。いいものというのは、そんなに楽に摑めないものです。楽に摑めるものというのは、詰まらない、どうでもいいものなのです。

このような例で考えてみましょう。

動物を捕まえようと思うとき、いとも簡単に捕まる動物というのはどうでもいい動物で、ゴキブリなんかを捕まえるのは難しいでしょう。「ゴキブリを捕まえても面白くない」という人がいるかも知れませんが、でも皆さんは自分でゴキブリを捕まえて、ポイと捨てたいでしょう。ゴキブリはともかく、すぐ捕まる動物もいます。

野生の動物でも、どこか森に行って、そういう動物に近づいても、触っても、ぜんぜん逃げようとしない警戒感が薄い動物。そういう獲物は捕まえたところで、面白くも何ともないでしょう。やはり、逃げ回って捕まえにくい動物をやっと捕まえたところで、

「捕まえたぞ」

と喜びが湧いてくるものでしょう。子供のときは、小鳥などを捕まえるのが楽しいです。でも、アリなんか捕まえても、ぜんぜん楽しくとも何ともないのです。アリは平気で自分のほうから手の上に乗ってくるのですから。

「小鳥を捕まえたぞ」

と言って喜ぶ子供はいても、

「アリを一匹捕まえたぞ」

と喜ぶ子供はいないはずです。

ですからやはり、難しいからこそ価値あるものが得られるのです。ヴィパッサナー自体は、結構真剣に、「大変難しい実践なのだ」と思って取り組んだほうがよろしいと思います。

だからと言って、わざわざ苦しんでやる必要もないのです。冬なのに寒風に吹きさらされて外で瞑想する、なんていうのはただの苦行であって、正しい瞑想ではありません。だれかが、

「私は断食しながら瞑想しますよ」

といっても、そんなことを仏教では教えていませんし、勧めてもいません。

断食するかしないかではなくて、真剣にサティを入れて、真剣に貪・瞋・痴に分けてみたり、不貪・不瞋・不痴に分けてみたりすることです。もちろん、人によって指導は多少変わりますけれど。

瞑想中の感覚を分類する――苦・楽・不苦不楽

また、よくこういう人もいます。

「自分はヴィパッサナーをやっています。〈膨らみ〉〈縮み〉はよく見えています。音を聞いても、音はちゃんと確認できます。痛みが出たら、すぐ確認できます。それで、ずっとそのようにやっていますよ。それからどうしますか？」

と聞いてくるのですが、私たちから言えば、「そういうのは、ヴィパッサナーのサティの力が足りません」と判断するしかないのです。

そこでそういう人には、もう一つの方法を教えるのです。

それはたとえば、〈膨らみ〉から何か感じたと思いますし、〈縮み〉からも何か感じたのではない

でしょうか？　また、身体でいろいろなものを感じているのではないでしょうか？　その感じているものを見ることです。わざわざ感覚を見させる、という方法です。

ということは、「〈膨らむ〉という感覚はこういうものだ」とか、ただ見るだけではなくて、「膨らむ感覚は楽しい気持ちか？　あるいはそうではない気持ちか？」

というふうに、楽しいか、そうではないのか、と分けて見ることです。縮む気持ちは、楽しい気持ちでしょうか？　苦しい気持ちでしょうか？　また、痺れや痛みなどはどうでしょうか？

たとえば、くしゃみが出たとします。そのくしゃみの前の気持ちは、楽しい気持ちでしたか、苦しい気持ちでしたか。くしゃみの出たあとではどうでしょうか？　あるいは、それからかゆみが出た場合。かゆみという感覚はどうでしょうか？

これらを仏教用語で言うならば、「〈苦〉ですか、〈楽〉ですか」ということです。パーリ語で言えば、「ドゥッカ（Dukkha）か、スカ（Sukha）か」ということになります。そのように、感覚を分けてみていただきたいのです。

それから足を組む場合も同じように、組むときの感覚は苦であるか、楽であるか、あるいはそうではない気持ちがあるかどうか、を分けてみるのです。そのように「受＝ヴェーダナー（Vedanā）」のいろいろな分け方をしてみるのです。それもひとつの指導として、やらせてみます。

そういう指導をしていくと、最初は必ず、「そんなことできません」と文句を言ってくるのです。

「それでもやってください」と言うと、次には「分からない」と言ってくるのです。それも、分からない順番が決まっているのです。

「苦というのは分かりますけど、たとえば、足を組むときは、苦でもないし、楽でもない、どっちか分かりません」

と訴えてくるのです。

そこで、「それならば、感覚には〈苦〉〈楽〉〈不苦不楽〉という三つがありますから、その三つに分けて見てください。そしてそれを二、三週間やったところで、さて総合結果はどうですか？あなたは何を感じましたか？」と聞くのです。「大雑把でもいいのですよ」と言ってね。

もし一時間瞑想したら、一時間の中の感覚はぜんぶ見えたのでしょうか？　一時間の中ではどれくらい楽を感じたのでしょうか？　どれくらい苦を感じたのでしょうか？　それを詳細に見てもらう。見てもらったら、その人の答え方次第で、次の指導法も変わってきます。

ですから、このヴィパッサナー瞑想の指導というのも、結構大変なのです。説法とは違って、教える側にも相当な智慧が必要になってきますから。

実践者の答えによってどういう指導法に変えていくかは、それぞれの経験によって変わっていくのです。これは本格的なヴィパッサナーの世界であって、ふつうの世間で言っているヴィパッサナーや、よく売りものになっているマインドフルネスなどとは、ぜんぜん違うものです。したがって、本格的なヴィパッサナーのテキストを書くことは不可能です。一人一人に対する指導も違うし、各個人の進み具合も、内容も違うのですから。もちろん、初心者の、あるいは基本的な指導書や、入門書的なテキストを書くことはできます。

それでも、もし本格的なテキストが欲しいというのであれば、その人一人だけのテキストになって、それ以外の人には使えなくなってしまうのです。

たとえば、ある修行者が一時間瞑想したとします。その人はたくさんの苦を感じて、たまに楽も感じた。また、たまに不苦不楽も感じた、という場合、その修行者と同じ体験をした人は、いったいどのくらいいるのでしょうか？　その人が感じる感覚の世界は、その人だけの、固有の体験になるのです。

そういうわけで、ヴィパッサナー瞑想は、本格的にやろうとすればするほど難しく、細かく、複雑になっていくのです。

III　悟りの世界を垣間見るために

瞑想を楽しんでいる人は執着しているだけ

これまでお話したことで、皆さんは、

「ちょっとこれは、いままで自分たちが教わっていたヴィパッサナー瞑想と、違うのではないか？」

「瞑想は、本来もっと楽しいものと思っていたけれど、これはだいぶ違う瞑想だな」

などと戸惑われているのではないかと思います。

たしかに、多くの人がヴィパッサナーの本質をまったく知らないで、ただ流行を追いかけるように、

「さあ、瞑想しましょう。座ったら結構瞑想もできますよ。よく感覚を観察してみましょう。観察していくと、気持ちいいですよ」

などと、知ったかぶりで瞑想しているのは事実です。ここでは初心者ではなく、かなり真剣にヴィパッサナー瞑想と取り組んでいる方が読者である、と想定して進めたいと思います。

瞑想を楽しいもの、面白いもの、と考えて熱中している人は、案外多くいるのです。そういう人たちは、瞑想に執着している人というべきでしょう。瞑想がやりたくてやりたくて、

「ヴィパッサナーやろう、瞑想やりましょう」

などと言って、人にも勧めて、自分もいっぱしの指導者気取りです。

個人の好き嫌いで言うならば、私はそういう人々は苦手なのです。表向きは一応賛成の態度をとるのですが、つい皮肉など言ってしまうのです。

「どうして瞑想なんかやるの？　そんなもの、やる必要ないんじゃないの？」

なんてことを言うので、私は異端の問題児、けしからん坊さん、というレッテルを張られてしまったりします。

本格的なヴィパッサナーを知らない人が瞑想をはじめると、このように言うものです。

「瞑想はすごく気持ちがいいですよ。一時間座っただけでも、気持ちよかった」

と。たまに「苦しくなった」と言う人が現れると、その人たちの手には負えないのです。本当の瞑想というものを知らないから、お手上げなのです。

苦を知らない人が、解脱を得られるわけはないのです。彼らは瞑想によって楽だけを知ったにす

ぎない。そんなものは解脱の世界ではないのです。まったくの欲の瞑想なのです。

そうはいっても、

「そんなことではダメでしょう」

といってその人を非難したり、叱ったりしてはいけないのです。それはその人の性格だから、怒ってもいけないし、怒る必要もまったくないのです。そこには慈悲の気持ちが必要なのです。

「あ、この人はひどく欲に執着する、欲に溺れている性格の人ですよ」

と理解してあげなくてはいけません。こういう人は欲に溺れているのだから、残念ながら智慧はほとんど現れません。智慧のない、欲から脱出できない人なのです。

そうなるとまた、ヴィパッサナーのやり方も少々変えなくてはならなくなってきます。その人は「〈膨らんでいること〉に気持ちのいい感覚を持った」ということです。それでは、とことん膨らんでみてください。深く呼吸をして、膨らむところまでめいっぱい膨らませて、止めてみるのです。気持ちはどうでしょうか？　この場合は、

「とにかく、その気持ちを観察してください」

と教えるのです。

縮むときも、ギリギリまで息を吐ききった状態でできるだけ止めてみて、その感覚を感じてみることです。縮んだ感覚はどんな感覚でしょうか？　もしも「一時間つづけてやってください」と言

ったら、その方はきつくて気絶するかも知れません。

「こんな瞑想、苦しくて、とてもやれません」

と必ず言うのです。

そこではじめて、

「その感覚が〈苦〉ですよ、それを憶えておいてください。決して瞑想は楽だけではないでしょう？」

と教えてあげるのです。

そういうわけで、人がどんな質問を持ってきても、どんな結果を報告にきても、それはそれで、こちらにはまたいくらでも教え導く方法があるのです。

無常・苦・無我を観れば感情がおさまる

いま説明したのは、瞑想をしてスランプに陥る人々のケースですけれど、スランプになったら強引にでも法（Dhamma）を観なくてはいけないのです。そのなかでも重要なことは、「〈無常〉を観てほしい」ということです。一つ一つ現象はこんなにも変わっていく、という無常を観てほしい。それから、〈苦〉を観てほしい、実体はないという〈無我〉を観てほしい。

たとえば、〈見える〉ということ。見えるというのは、光があるから、何か眼に見える対象（色）

があるから見えるのであって、「見えた、見えた」ということは、ただの一時的な現象でしかないのです。

分かりやすく言えば、こういうたとえになります。いまあなたは映画を見ています。いろいろなものがスクリーンに映っている。スクリーンに映っている映画は、しかし実体ではありません。ただの光です。私たちがその光の組み合わせによってできた現象を、家だとか、人だという名前をつけて判断しているにすぎないだけで、そこに映画という実体があるわけではありません。

そうやって、すべての現象は実体がない、つまり〈無我〉である、ただの夢みたいなものだ、と知っていくのです。

自分はいま怒っているとしましょう。でも、いまの例に照らし合わせて考えてみると、「私は怒っている」というのは、理屈が成り立たないバカバカしい話に思えてくるでしょう。自分が怒った同じことに、べつの人は怒らないかもしれないのですから。「いま怒っているんだよ」と言っても、それはスクリーン上で勝手に怒っているだけなのです。

そういうときに、

「そんなに怒ることをやめて、楽しく過ごしなさいよ」

と言っても、ふつうの人は「そんなことは無理」と言います。しかし、決して無理なことではないのです。

怒りというのは単なる現象ですから、ほんとうは自由自在にコントロールできるのです。自分勝手に怒っているのであって、スクリーン上で怒っているだけなのです。もしスクリーンを取ってしまったら映画でなくなるのと同じで、怒っていることは決して実体ではないのです。

映写機のレンズを手で塞いでしまえば、それで映画はなくなってしまうでしょう。ただ手をかざすだけで止められます。巨大なスクリーンであろうが、映写機のレンズは掌ほどの小さなものでしょう。簡単に手を被せられますから。それくらいのことでも、壮大な映画の世界が消えてしまうのです。あるいは、映写機のスイッチをパチンと切ってしまえば、それで映画は終わります。

怒りもそれと同じことで、夢みたいなものに過ぎません。怒るか怒らないかというのは、状況に応じて簡単にコントロールできることなのです。

ちょっと人間が変われればできるのです。それが無我、つまりは実体がない、ということなのです。

そうやって、強引にでもいいから、

「無常である、苦である、無我である」

と観察しなさい、と教えるのです。択法覚支の場合は、そのように心を刺激するしかないのです。

択法覚支についてだいぶ紙面を割いてしまいましたが、それだけ説明するのは難しいポイントなのです。

択法覚支とは、この現象を分別すること。あるいは仏教の真理に基づいて、無常観・苦観・無我観、いわゆる無常・苦・無我というういう立場から観ること。あるいは因縁法則によって、ものごとを観ることとです。それが択法覚支の定義になります。

七覚支③――精進覚支

すっかり時間がかかりましたけど、これからは、あまりページをとりません。

次に現れるのは精進覚支（しょうじんかくし）、パーリ語ではヴィリヤ－サンボッジャンガ（Viriya-sambojjhaṅga）です。精進すること。これも二つに分けて説明しましょう。

まず、ヴィパッサナーがうまくいく人の場合、つまり真剣に修行する人の場合は、サティからはじまります。次にその人にはチラッ、チラッといろいろな智慧が生まれてきます。それが択法覚支です。そうすると、自然に精進に進んでいってしまうのです。

瞑想が問題なくうまくいく人の精進というのは、私たちがふだん考えている精進とは違うのです。どういうことかと言うと、択法覚支で「すべては無常だ」と分かるのです。「瞬間に怒るか怒らないかということも、自分の勝手にできることなのだ」と分かってくる。

要するに、

「ナーマとルーパしかないのだ。それは瞬間瞬間変化していて、いまの現象と次の現象はまったく違うのだ」

ということが、自然に分かってくるのです。

この無常という真理をよく理解している人、あるいは択法覚支が現れた人にとって、精進はごく自然に生まれてくるものなのです。

「なるほど、すべては無常であり、無我なのだ」

「ああ、すべては因縁によって成り立つのだから、実体はない。幻覚に過ぎない。ナーマとルーパの流れしか存在しないのだ」

という智慧が生まれてきた人には、

「なるほど、悟りということがあるのだから、悟りに達しなくてはいけないのだ、これこそ人間の目的だ」

というふうに、ごく自然に、悟りへの興味が生まれてくるのです。当然、興味が出たら、目的が見えたら、人は自然に先へと進むでしょう。意欲をもって頑張れますよね。

それは努力というものでもなく、むしろ楽しさとか、何か気持ちいい趣味のようなものです。そうなると面白くなってきますから、だれでもとことん頑張ります。苦しいものとは決して思いません。

そういうわけで、精進というのは、世俗的に考えているような苦しいことではないのです。進んでやりたがることなのです。そうやって精進する人は、とても幸福なのです。

瞑想しただけで自然といろいろなことが分かってきて、だから、「やはり、解脱をしたらすばらしいだろうな」という実感が生まれてくる。とても簡単に、スムーズに瞑想をつづけていけるのです。

分かっちゃいるけどやめられない人々——戒律の出番

いま説明したのは、うまく行っている人々の場合です。しかし二番目に、「そういう理屈は頭では分かってはいるけど、欲への誘惑から逃れられない」という人もいるのです。「瞬間瞬間変化するナーマとルーパの流れがあるだけで、実体は何もない」と分かっているのですが、それでもやはり、きれいな音を聞きたいのです。おいしいものも食べたいし、いわゆる欲を捨てられないのです。映画にしても、「本当はそこに映画というものはまったく存在しないと、ただの光に過ぎない」と分かっているのです。そういうことは知っているのだけど、やはり映画は観たいのです。観てワクワクしたいし、ロマンティックな気分にも浸ってみたい。そういう気持ちはあるのです。

ですから、ただ無常を知っただけで悟るわけではないのです。無我だと知っただけで悟るわけではないのです。

だいたい、初期仏教をしっかり勉強した人や、生まれたときからテーラワーダ仏教の世界で育っている人々というのは、言われなくてもごくふつうの常識で、無常や無我ということを知っています。仏教の教えが、細胞の中までとことん刻み込まれているのです。

だからと言って、悟っているわけではない。やはり遊んだり、楽しみを求めたり、欲のなかにふけったりするのです。よく仏教を知っている人、よく仏教を勉強している人が、ふつうの人よりはるかに遊びたがるケースも多いのです。

そんなふうに遊びほうけていると、周りから、

「あなた、そんなに遊んでいてはダメですよ」

「そんな調子だと、そのうちどこかでひどい目に遭いますよ」

などと言われたりするのです。言われるまでもなく、自分ではちゃんと知っていながらも、やはり遊んでしまう。

たとえば、浮気なんかもしたくなる。「不倫してはいけない」という戒律も破ってしまう。

「そうなのですよね。やはりこれは戒律を破っていてよくない。これではいいことはないなあ」とか言って、こんなことをしていれば家族がバラバラになると知ってはいるんだけど、やってしまう。

無常を知っていても、無我を知っていても、やはり心は欲に向かってしまうのです。そういう人が瞑想して、たとえ「サティはＯＫだ、択法覚支もＯＫだ」と言ったとしても、それでは先に進め

ないのです。ぜったいに進めません。そういう状態を脱するためには、精進ということに取り組まなくてはいけないのです。

その精進は、ごく一般的な、世俗的な精進とは違うのです。どのような精進を教えるのかと言うと、

「生じては滅する現象は、すべて虚しいものであり、無常であるのに、そしてその真理を知っているにもかかわらず、なぜあなたはそういうものに捉われ、苦しみを味わっているのか。

なぜあなたは何度も何度も輪廻転生をくり返すようなことをするのか。そんな生活や人生を送っていたら、いくら「無常だ、無常だ」と偉そうなことを言っても、死ねばまたどこかに生まれ変わってしまいますよ。なぜならば、あなたはいつでも刺激を求めているのだから。

心を刺激したい気持ちが消えないかぎり、いくら無常だと知っていても、また輪廻転生してしまうのです」

そうやって諭（さと）すのです。輪廻から脱出するためには、とことんいやになるほど、無常を観ておかなくてはいけないのです。いやになって諦めてしまうまで、無我を観なくてはいけないのです。いろいろな尺度から、いろいろな角度から、無常であること、苦であること、無我であることを、とことん観てみようという覚悟を決めるのです。

ですから、強引に楽しみの世界をカットする。そこに戒律が登場するのです。おいしいものを食

べたいのだけれど、あえてそれをコントロールしてしまう。

「そんなものにだまされません。音楽を聴きたいのだけれど、やめます。眠りたいんだけれど、寝ないで頑張りましょう。居眠りしながらでも、徹夜してでも。とにかく、自分自身の存在自体がいやになるまでやるんだ」という厳しい精進なのです。戒律の重要性が出てくるのは、その辺りからなのです。

私も、ふつうの説法では、なぜ戒律が必要なのかという本質的な面にはほとんど触れません。なぜ私が戒律をそれほど真剣に取り上げないのかといえば、ものの本質を皆さんはまだよく分かってないからなのです。戒律について語る場合は、やはり人によりけりです。肉魚を食べるべきか、食べるべきでないか、ということは、本人次第でしょう。そんなことを決めることはできないのです。

私が言いたいポイントは、

「その人の捉われのあるところにこそ、戒律は必要不可欠になる」

ということなのです。たとえば、食べものに対してぜんぜん無関心な人が、朝何を食べようが、夜何を食べようが、ただの栄養を摂っているだけですから、何も問題はないのです。

しかし、食べものにあまりにも捉われているグルメと言われる人に、

「あんたは一日一食にしなさい」

と言ったら、それは地獄みたいな苦しみなのです。欲を絶たないかぎり、その人はずっと苦しみつ

づけることになります。だから、苦しみがあるならば、そこに戒律が本当の意味を持って成立するのです。

性的な機能が働かないおじいちゃんがいるとします。そのおじいちゃんが突然、

「私はこれから梵行を実践します」

と言って性的な禁欲を宣言しても、何の意味もないことです。「勝手にしなさい」というだけです。苦しみも辛さも葛藤もないようでは、修行にならないのです。

ですから、戒律を守りたいのであれば、やはり自分の一番やりたいことをカットすることなのです。カットして、精神的な苦しみを、努力して、克服して乗り越えることなのです。

本当の戒律とは何か

やりたがっている自分に打ち克つこと。それが、正しい戒律なのです。威張るためにやっていること、自分を認めてもらいたくてやっている戒律は、私は個人的にはあまり評価しません。そういう立場を取ることによって、私はひどい目に遭っているのですが、それはそれとして、あまり評価はしないのです。ただの形式的な戒律であると、私は個人的に見ています。

そんなことよりも、「性格を直すために努力することが戒律だ」と思っています。私たちお坊さん同士の例で言うならば、

「ただ単に毎日托鉢しているんだ。お金には触れませんよ」
と言ってそのことを実行している人々は、ただそれだけの理由で、偉いお坊さんだと私は見ていません。

そういうことを偉いことだと言わんばかりに自慢するのではなく、それによって性格が直っているか、落ち着いているか、自我意識に執着することはなくなっているのか、厳しい戒によって心の平安を得ているのかなど、いわゆる少欲知足（しょうよくちそく）のことを習っているのか、ということを、私はそのお坊さんたちに聞いてみたいのです。もし本当に少欲知足を学んでいるのであるならば、高く評価するべきです。

とにかく、無常は知っているのに悟れない人々が、結局スランプに陥ってしまうわけです。そこで、スランプに陥った人がとことん頑張ってみる。努力してみる。それによってまたヴィパッサナーは途轍もない苦しい修行になってしまいますが、その苦しさというのは、あくまでも、精神的な苦しみ、自分に打ち克つ苦しみなのです。べつに肉体的な苦しみではありません。自分に打ち克つこと、自分を乗り越えること、自分に負けないことなのです。

そういう修行の方法の一つとして、戒律ということも含めた精進覚支があるわけです。

択法覚支のスランプにはなおさら厳しく

スランプに陥った人たちに指導する場合、「とにかく精進しなさい、瞑想する回数を増やしなさい、長い時間座ってみなさい、一日でもやめないでやりなさい、人々としゃべるな、笑うな、そんなのはよくないんだ」と徹底して厳しく言うのです。「だらだら寝てはいけません。寝る時間は二、三時間くらいにすることです」。このように厳しく言う時期なのです。そういう段階にきているのです。

サティ（念覚支）でスランプになって、それをやっと乗り越えて、今度は択法覚支でスランプになった。択法覚支でスランプになったら、その修行は厳しいのです。指導者はとことん厳しくする。ちょっと笑っても怒る。

私が言っているのは、修行道場でお互い個人的に付き合って指導する場合のケースです。その場合は、修行者の一挙手一投足をぜんぶチェックしておくのです。

ご飯を食べているときも、ちょっとでも不注意になれば、すぐ指摘します。たとえば、皿をどのように置いたのか、ということは、私には見えるのですから、

「あなたはちゃんとサティを入れているのですか?」

というふうに、はっきり指摘するのです。

「あんた、お箸一本でもちゃんと取って、戻して、ていねいにまた置いてください。そんないい加減にやったらダメです」

というように、ややこしく、厳しく、うるさくするのです。「怠けるな！」と。

指導者が喋っているときでも、真剣に聞いていないときなど、

「あなたは何やっているのですか？　やめなさい、ちゃんとサティを持ってやりなさい」

と、何度でも戻して、またやらせる。当然、やらされるほうはイヤなのです。とことん、すごく恥をかくのです。

衣の着方でも、ほんの微かでも違っていたり、サティがおろそかになっていたりすれば、

「あれを直しなさい」

と指摘する。うるさくてうるさくて、指導者の顔も見たくなくなってしまうのです。「指導者があの辺にいるな」と感じたら、その方向を見ることさえイヤになるくらい辛い修行になってしまうのです。

そこまでいじめるのです。本当はいじめているのではなくて、厳しくしているだけなのですが、やられたほうは「いじめられている」と思うほどです。

そうすると、いつの間にかスランプから脱出できてしまう。それが立派な精進になっているのです。「指導者に叱られないように、怒られないように」と努力することになりますから、所作がきめ細かくなって、それだけで精進覚支が生まれてくるのです。

先ほどお話しした、魚が陸上の生きものになりたがっているというたとえを、もう一度考えてく

ださい。魚というのは水の中にいるのが当たり前であって、その魚が、何かわけの分からない理由があって、陸上の生きものになりたがっているのです。

それと同じように、私たちも輪廻という水の中にいるのです。宇宙を破壊しようが、また新たな宇宙が現れようが、そのなかを苦しみながらグルグル永遠に回っているのです。

そういう恐ろしい輪廻のシステムなど何も知らない愚かな宗教家が、輪廻の枠を乗り越えようと考えるのです。当然のことですが、不可能です。輪廻の枠を越えるなど、ありきたりなやり方では実現できないのです。

輪廻を脱出するとは、つまり悟りをひらいて、涅槃に達するということなのです。ただ「無常を知った」というだけではダメなのです。

たとえば、魚が、陸上のすばらしさをよく知っているとします。「大変いいところなんだ、美しい花も咲いているんだとか、いろいろな生き物たちもいるんだ」というふうに。知っているけれど、陸に行けないのです。

私たちは無常であると知っていて、輪廻から抜け出なければならないと知っているけれど、しかし涅槃の状態にはなかなか行けません。そこで、そのための努力を、悟りに達するためのたいへんな努力をすることを、精進と言っているのです。

精進という頑張りのポイントが、どうしても必要になるのです。

七覚支④——喜覚支

では次に行きましょう。

パーリ語でピーティ－サンボッジャンガ（Pīti-sambojjhaṅga）と言います。ピーティとは「喜び」です。非常に苦しい精進が終わって、次にやっとピーティ、喜びが生まれてくるのです。

ここまでのヴィパッサナーというのは、ずっと苦しいだけ、葛藤だけ、と言っていいほど辛い段階でした。それはまさに自分との戦いのみを続けてきたようなものです。とくにスランプに陥った人々にとって、厳しく精密な指導を受けながらのややこしい修行になります。そのハードルを乗り越えたら、自然にピーティが生まれるのです。この段階では、指導者に叱られないぐらいにまで、修行がきめ細かくできるようになっていますから。

しかし、そういうピーティというのは、一般的な喜び、「わぁ、気持ちいい」とか、「わぁ、楽しい」とか、そういう単純なピーティではないのです。はしゃいだり、小躍りしたりするような楽しさではなくて、非常に落ち着いたピーティなのです。

世の中の本当の姿がよく見えてきて、無常もよく見えてきて、無我も見えてきて、「自分が無常を乗り越えよう、輪廻を乗り越えよう」と努力もする。そういう瞬間に、「この世の中の世俗的な部分から、自分は離れているのだ」と確信できるのです。〈出世間に達した状態〉と言うことがで

きるでしょう。と言っても、まだ悟っているわけではないのです。それでも、

「自分は世の中の人々の流れから、輪廻の流れから、いま離れているんだ」

という実感が味わえるのです。

厳しいヴィパッサナーをやりながら、「自分はちょっと人のできないような尊いことをしているんだ」という気持ち。陸に上がってみたいと思った魚はたくさんいるかもしれませんが、実際、陸に上がれた魚はいないでしょう。でも、「どうにかして陸に上がってみよう」といろいろ努力して、勉強して、失敗を繰り返して、やっと少し波のあいだから飛び上がって、瞬間的にでも陸に上がれた魚のように、

「自分もまた、瞬間的に輪廻の枠から抜け出ることができたのだ、出世間を体験できたのだ」

という実感です。

陸を見たり、ちょっと陸の生活を体験したりした魚が、そういう体験のできない魚たちに向かって、

「私はきみたちとは、ちょっと違うのだよ」

「水の中ばかりでなくて、きついけれど波に乗って、陸に上がってきた。「そろそろ死ぬのではないかな」という限界まで陸で過ごして、また水に戻ってきたんだ」

と自慢するような気分なのです。

ここまでくるということは、相当頑張ったという証明でもあるわけで、そうなると自然にちょっと見方が違ってくるのです。決して高慢ではないのだけれど、分かりやすく言えば、陸に上がった魚が、

「きみたちと私とはちょっと違いますよ」

というふうに思ったことと同じです。「自分が輪廻の世界からちょっと離れた」という感じが体験できる。その体験によって、「尊いことをやっているのだ」という充実感を得るのです。

これが本当のピーティ、本当の喜びです。ご飯を食べて「ああ楽しかった」というようなレベルの、次元の低い楽しさではありません。

ご飯を食べて楽しいというのは、その瞬間はたしかに楽しいしおいしいかもしれませんが、そんなことはご飯が終わってしまえば、すぐ飽きてしまうのです。音楽を聴いて楽しくても、聴いている時間はそんなに長くはないでしょう。一日中音楽を聴いていたら、楽しいどころか飽きてしまって、辛くなってくるでしょう。

ところが、ピーティという喜び、楽しさは、飽きないのです。俗世間というものから離れている、輪廻の枠から抜け出ている、という喜びですから、まったく違う種類の楽しみ、喜びなのです。

先ほどの精進というのは激しいものです。バランスが取れない混乱状態のなかで、とことんきめ細かく実践しなくてはならないから、かなり厳しい修行です。

自分を律していくための戒律を守ることも大変なのです。心身共に激しい混乱が生まれてきます。一日五回ぐらい食事を摂っていた人が「二回にしなさい」と言われれば、それはきついことです。当然、混乱などが生まれてきます。

精進からは、いくらか心の激しさが生まれてくるのです。そこを乗り越えれば、かなり心が落ち着くのです。

七覚支⑤——軽安覚支

精進を越えてピーティが生まれると、「あ、よくできました」と、今度は自分で自己採点できるようになります。自分でも「よくできるようになっている、尊い修行になっているんだ」という喜びが生まれてくると、いままであった激しさは、静かに落ち着いてしまいます。

落ち着いてくる過程で、次に軽安（きょうあん）という覚支が生まれてくるのです。パーリ語ではパッサッディ－サンボッジャンガ（Passaddhi-sambojjhaṅga）と言います。

軽安という段階になると、楽に修行ができるようになっています。いったいどれほど楽かというと、心や身体が、やけに軽くなるのです。身も心もふわふわ状態で、体重も感じず、気持ちよくて、空気のなかに浮いている感じと言えばいいのか、とにかく軽くなるのです。

人によってはそこまでいかないかも知れませんけれど、いずれにせよ心身が軽快になるのです。

いままでの精進の段階の激しさはピーティが生まれたことによって消えていますし、それから軽安に至ってかなり落ち着いて、いつもより軽く瞑想――サティ――ができるようになってきます。こういう状態をパッサッディ（Passaddhi）と言っています。

七覚支⑥――定覚支

そうして精神的に落ち着いたところで、サマーディという心の統一が生まれます。サマーディというのは、一つの対象、一つの現象を、とことん確認できる状態なのです。これを定覚支（じょうかくし）、パーリ語でサマーディ－サンボッジャンガ（Samādhi-sambojjhaṅga）と言います。

この辺りからは言葉で説明してもなかなか理解しにくいですし、実践して体験した人にしか本当の素晴らしさ、実感というものは分からない、と思います。

たとえば、膨らみ・縮みを確認する場合、「膨らみ」と確認すると、意識がじーっと膨らみに入っていられる。膨らみきって止まったら、「止まった」状態に入っていられる。そこから「縮み」が始まっても、そこから心が離れないのです。

縮みきって、止まって、また膨らみがはじまったら、「膨らみ、膨らみ」と、ぴったり意識が付いていくのです。決してあっちにいったり、こっちにいったりというふうに、意識が逃げていかないのです。一つの対象に止まるのです。そうやってサマーディに入った修行者は、時間を忘れてし

まいます。瞑想を終えると、

「一時間ですか、そんなに経ったのか」

というような、そんな気持ちです。イライラすることもまったくなく、何時間でも瞑想できるのです。

この段階になった人が道場で瞑想修行する場合、指導者は、

「できるだけ座ってやりなさい」

と言います。どれぐらいの時間かと問われたら、

「サマーディ状態が消えるまで」

と答えます。

そういうわけで、二時間座れるようなら、二時間やってみてください。二時間半くらい座っていたところでちょっと心が変わったり、いろいろ妄想が出はじめたりしたら、姿勢を変えて、立つ瞑想や歩く瞑想をする。そのようなところまで、サマーディ状態のままいけるのです。また、それくらい時間が一定していないと、悟りに達するための条件も整いません。

七覚支⑦——捨覚支　〝悟り〟への最終チェック段階

次が、捨覚支（しゃかくし）です。パーリ語でウペッカー‐サンボッジャンガ（Upekkhā-sambojjhaṅga）と言いま

す。

これまでの修行で、実践者はかなりの段階まで進歩して、それとともにいろいろな心の変化が生まれてきたのです。人格も変わるし、ものの見方も変わるし、抜群に人間が変わっているのです。そこで、捨覚支の段階へと進むのです。

捨覚支というのは、どんな現象に対しても感情を起こさない、何ごとにも動じない、揺れない、左右されないことです。無常だと思っても、「ああ、いやだ」とは思わないし、「これが好きだ」とも思わないのです。

「自分は瞑想が進んでいるんだ」

と思って喜ぶことはないし、まして威張ることもない。

捨覚支が現れた人には、「自分はよく修行しているのだ」という感情も起こらないのです。

「世の中はいつでも無常・苦・無我であって、夢幻のようなものであるのだ」

そうやって、すべての現象を落ち着いて、とことん冷静に観察する、静かな状態に自分を置くことができるのです。

一つ前のサマーディ状態（定覚支）では、まだそれほど静かではないのです。何となく気持ちいい感覚があるからです。そこで、

「いま自分は瞑想がうまくできているぞ」

と気持ちよくなった瞬間に、またサマーディが壊れて元に戻ったりします。瞑想がうまくできるようになったら、それにまた捉われてしまう場合があるのです。

これまでも真剣に瞑想してはいたけれど、ウペッカー（捨）の心が現れることで初めて、何にも捉われない心で、落ち着いた心で、瞑想することができるようになるのです。そこまで精密に瞑想のバランスを整えないと、悟りには達しないのです。ほんのかすかでも、自己を評価する思いがあるならば、そこにウペッカーはないのです。

ウペッカーに至るには、さまざまな混乱や葛藤に直面しながら、激しく波打ち変化する心の流れと戦って、自分の性格の弱みを直していく修行のプロセスを経なくてはならないのです。そうしなければ、到達できない世界なのです。これまで述べたような人格向上のプロセスを経た人間だけに、最終的なウペッカーが生まれてくるのです。

そういう状態になっても、その人にはずっとサティ、念覚支があるのです。当然、択法覚支もあって、精進覚支もあって、喜覚支もあって、軽安覚支もあって、定覚支もある。最終的なウペッカー、捨覚支まで揃ったとき、実践者は瞬時に悟りの世界に入るのです。

著者紹介

アルボムッレ・スマナサーラ（Alubomulle Sumanasara）

1945 年 4 月、スリランカ生まれ。13 歳で出家得度。

国立ケラニヤ大学で教鞭をとったのち、1980 年に国費留学生として来日。

駒澤大学大学院で道元の思想を研究した。

現在、（宗）日本テーラワーダ仏教協会の長老として、瞑想指導・説法・経典勉強会・講演会・著書の執筆など多方面にわたる仏教活動をおこなう。

2005 年、大寺派日本大サンガ主管長老に就任。

著書『苦しみを乗り越える悲しみが癒される怒り苛立ちが消える　法話選』（国書刊行会）、『サンユッタニカーヤ　女神との対話』（サンガ新社）、『怒らないこと』『怒らないこと 2』（だいわ文庫）、『ブッダに学ぶ　ほんとうの禅語』（アルタープレス）など多数。

ブッダの瞑想（めいそう）レッスン
――修行入門一歩前（しゅぎょうにゅうもんいっぽまえ）
ISBN 978-4-336-07379-2

2022 年 7 月 15 日　初版第 1 刷発行

著　者　アルボムッレ・スマナサーラ
発行者　佐藤今朝夫

〒174-0056　東京都板橋区志村 1-13-15
発行所　株式会社　国書刊行会
電話 03(5970)7421　FAX 03(5970)7427
E-mail: info@kokusho.co.jp　URL: https://www.kokusho.co.jp

落丁本・乱丁本はお取替えいたします。
装幀　Malpu Design（宮崎萌美）
DTP　プレアデス
印刷　創栄図書印刷株式会社
製本　株式会社村上製本所